님·의·침·묵·탈·고·100·주·년

朝鮮佛敎維新論

韓龍雲 著

韓國學資料院

『조선불교유신론』해제
한용운의 근대 불교 개혁 선언문

『조선불교유신론』(1913)은 만해 한용운이 식민지 조선의 낡은 불교를 근대적으로 혁신하기 위해 발표한 가장 체계적이고 강력한 불교 개혁론입니다.

단순한 종교 개혁안을 넘어, 민족·사회·교육·정신의 총체적 혁신을 목표로 한 선언문이라는 점에서 한국 근대사상사의 중요한 이정표로 평가됩니다.

1. 집필 배경

* 일제강점기 초반, 조선 불교는 사찰의 제도적 낙후, 승단의 기강 해이, 교육 부재 등으로 위기를 겪고 있었음.

* 한용운은 이를 "불교의 본래 정신을 잃은 상태"로 진단하고, 조선 불교가 민족의 정신적 기반으로 되살아나야 한다는 문제의식에서 이 글을 집필.

2. 핵심 사상과 구도

『조선불교유신론』은 대체로 다음 네 가지 축에서 논의를 전개합니다.

① 불교 정신의 회복 – '유신(維新)'의 본래 의미

* 불교 본연의 가르침을 되찾는 것이 개혁의 출발점이라고 주장.

* 특히 자유·평등·자각을 불교의 핵심 정신으로 강조.

* 수행과 지혜가 현실에서 실현될 때 진정한 불교가 가능하다고 보았음.

② 승단 개혁 – 제도·규범의 근대화

한용운은 특히 승단의 타락과 폐쇄성을 날카롭게 비판합니다.

* 중앙집권적 승단 체계 정비

* 교육제도 확립

* 승려의 사회적 역할 확대

* 근대식 불교학교 설립

* 청정한 계율 확립

　　한용운은 "승려가 사회와 분리된 채 산중에서만 머물러서는 불교가 존재 가치가 없다"고 강조했습니다.

③ 사회적 불교 – 국민과 함께하는 불교

* 불교는 출세적 개인수행에 머무르지 않고 민중의 삶과 고통을 해결하는 종교가 되어야 한다고 주장.

* 빈곤·교육·윤리 문제 등 구체적 현실에 참여하는 '생활 불교'를 제시.

* 이는 현대적 '사회참여불교'의 원형으로 평가됨.

④ 국가·민족과 불교 – 정신적 자주성의 문제

　　검열을 의식해 직접적인 독립 논조는 자제했으나, 다음 메시지가 분명히 드러남.

* "불교를 바로 세우는 것이 곧 조선의 정신을 되살리는 길"

* 민족이 겪는 고통과 불교의 쇠퇴를 연결해 진단

* 정신적 주체성 회복을 강조하며 민족적 자각의 바탕으로 불교를 위치시킴

　　이 지점에서 『조선불교유신론』은 종교적 글을 넘어 민족철학적 선언문의 의미를 갖게 됩니다.

3. 구성적 특징

* 기존의 불교학적 논문 형식이 아닌, 논설·비판·개혁안이 결합한 혼합적 형태

* 언어는 고전적이면서도 논지는 매우 근대적

* 형식은 간명하지만 주장의 강도는 높은 편으로, 한용운 특유의 설득과 비판의
  문체가 드러남

4. 의의

① 한국 근대불교 개혁의 '시발점'

한국 불교가 근대 종교로 재편되는 데 결정적인 이론적 기반을 제공.

② 한용운 사상의 원전

『님의 침묵』, 『유심』으로 이어지는 만해 사유의 핵심이 이 글에서 선명하게 드
러남.

③ 조선 지성계의 근대화 논리를 담아낸 텍스트

교육·국가·사회 참여 등 근대적 과제가 종교적 사상과 연결된 드문 문헌.

④ 식민지 시대 '정신적 저항'의 출발

공개적으로 언급할 수 없던 독립 의식이 불교 개혁이라는 언어로 우회 표현됨.

5. 종합 정리

『조선불교유신론』은 "불교를 살리고, 민족을 일으키고, 인간을 자유롭게 한다"는
한용운의 근대적 이상이 처음 정식화된 선언적 문헌입니다. 이 글을 통해 한용운
은 불교를 단지 종교가 아니라 민족적·사회적·정신적 개혁의 토대로 바라보는
새로운 시각을 제시했습니다.

韓龍雲 著

朝鮮佛教維新論

附錄 十玄談註解

附錄 朝鮮佛教革新論

朝鮮佛教維新論序

余嘗有志乎維新佛教。稍有成筭於胸中者。但事不從心。未能遽行於世。試設一無形之佛教新世界於區々文字之間。自慰寂寞耳。與望梅止渴。亦養生之一術。此論固梅之影。余之渴火焚身。則自不得不以一梅之影。當萬斛清泉近來佛家。旱魃太肆。未知吾黨。亦有渴者乎。果有。則願以此梅影相照。聞六度之中。布施爲最。余亦以此布施梅影之功德。能免地獄也未。

一

明治四十三年臘月八夜

著者識

朝鮮佛教維新論目錄

朝鮮佛敎維新論

百潭寺　韓龍雲　著

緒論

天下에豈有成敗리오惟待人而已라悠々萬事가無一非聽命於人而後에有所謂成所
謂敗者하니苟事而無自立之力하고惟人是從이면事之有成敗ㅣ亦人之責任而已하
다

古人이云호되謀事는在人하고成事는在天이라하니質而言之하면人有可成之謀而
天能敗之하고人有可敗之謀而天能成之也라嗚呼라令人으로敗與短氣之事ㅣ孰有
過於此哉아果天能成敗人謀之事則是는使人으로失其自由也니能使人으로失其自
由者는曾未之聞未之見者也라彼所謂天者ㅣ果有形之天歟아抑無形之天歟아若有
形之天也ㅣ되豈非形於上而蒼々入於吾人眼簾者耶아旣有形體ㅣ니天亦理氣中之
一物이라服從自由之公例하야無所相侵이與他之一物로毫無差異ㄹ所敢斷言也라
衆生이芸々하야其數無量이어늘安有相率而甘聽成敗於區々有形之一物也리오若
無形之天也ㅣ되天理也오非天也니天理者는眞理也라有可成之理而成하고有可敗

之理而敗ㅣ斯眞理矣라然則成固自成이오敗固自敗라復何成事在天之可語也리오

若是乎有形之天與無形之天이俱無當也라之云云者는但知有天ᄒ고不知有人이라

纔發其言이其姓名이己入於奴隷之案기니何不自愛之甚也아若使文明人으로起此

云云者於千年塚中ᄒ야責之以放棄自由之罪면雖欲辯護나無從而得之라苟天之無

救於事之成敗也ㅣ若是則萬物이雖多나視此而已라無寧曰謀事在我오成事亦在我

니知此義者는責己不責人ᄒ고自信不信物ᄒᄂ니天下談事者ㅣ皆當以此法으로爲

宗旨가可也니라

今日之世界는非過去之世界며非未來之世界오乃現在之世界어늘奈之何有研究前

此千萬年事者ᄒ며有研究後此千萬年事者ᄒ야凡形而上形而下於天壤之間者를眞

不研究而維新之ᄒ야言學術之維新者ㅣ有之矣며言政治之維新者ㅣ有之矣며言宗

敎之維新者ㅣ有之矣며其他維新維新之聲이徧滿天下ᄒ야已維新ᄒ며今維新ᄒ며

當維新者ㅣ踵相接ᄒ며項相磨也어늘

若夫朝鮮之佛敎는寥寥無聞ᄒ니未知果何徵歟아朝鮮之佛敎는果無所維新歟아抑

不足維新歟아一思再思에不得其故者也라噫라是亦可知라在我而已로다有志於佛

教維新者ㅣ非不有之也언만은至今無聞者는獨何歟아一則任之天運ㅎ고一則責乎他人이是其因也라吾有惑乎成事在天之說而後에始知朝鮮佛教維新之責任이不在天ㅎ며不在他人而己라夫然後에頓覺責任之不可逃而一思所以維新之故ㅎ야作此論以自警ㅎ고兼以告僧侶同胞ㅎ노라此論이自文明國人觀之則實芻狗之芻狗矣라雖然이ㄴ朝鮮僧侶之前途則未必無少探라夫有爲維新而後에眞維新이始出現焉ㅎ느니此論之爲僞維新於後日則爲榮이多矣라

論佛教之性質

今日之論佛教維新者ㅣ當先察佛教之性質如何ㅎ야比較於現世之狀態與未來之程度而後에始得이라何以故오今後之世界가進々不己ㅎ야不至文明之彼岸而不止ㅎ리니若使佛教도不適於將來之文明則雖學得回生起死之術ㅎ야喚起馬丁路得、格蘭瑪於青山黃土之中而維新佛教라도必無救矣리라故로於優劣適不之義에思之重思之則佛教之於文明에非惟不負라反有特色이라請言佛教之性質其有二ㅎ니

一은宗教的性質이라夫人之信仰宗教者는何오吾人最大之希望이在是라夫希望者는生存進化之資本이라苟非希望이면放逸偷息ㅎ야苟安時日而足矣ㄴ人亦孰樂用

其心勞其力而治事爲也리오故로無希望이면人與物之在於空間者ㅣ幾乎息矣오藉

曰有之라도荒廢淫惡ᄒᆞ야非復前日이라地獄生涯와野蠻作業이慘極醜極ᄒᆞ리니然

則所謂文明者ㅣ已屛息縮頭於無人絶域ᄒᆞ야無復生意리라

是以로懼夫希望之不厚不長也ᄒᆞ야假設止啼錢於無形之中ᄒᆞ야使衆生之無告者로

信仰之希望之者ᄂᆞᆫ羣敎之所由起也니耶蘇敎之天堂과猶太敎之奉神과回々敎之永

生等이是也라其憂世也ㅣ亦深矣로다雖然이ᄂᆞᆫ但以迷言으로爲始爲終ᄒᆞ야

夫天堂之有無와奉神之虛實과永生之是否ᄒᆞ고曹々然抱迷信而終古ᄒᆞ니是ᄂᆞᆫ率人

而愚之也라束縛民智之責이已不絶於哲學家之口則亦無事深辨이로다

而辨護迷信者曰雖迷信이ᄂᆞᆫ統一衆生之精神則均也라不見夫十一世紀以來에有撼

天動地之事業於歐美各國者乎아是强半出身於迷信宗敎中者則迷信之功於世界

豈不偉然大哉아斯固然矣라雖然이ᄂᆞᆫ夫事業家之轟々烈々於歷史上ᄒᆞ야

至今資爲美談者ㅣ孰一不流無數人之頸血而後에收其功於一己者哉아彼事業家者

ㅣ苟不以迷信으로浸漬於衆人之腦則不足以奪其畏死之心而用於敢死之地故로百

方設計而以迷信으로甘作釣人生命之香餌ᄒᆞ고重之以人之生命으로爲斃敵之矢石

호니自古迄今에幾千萬之見欺二二迷信者호야斷送難再來之生命於天昏理黑之中

者ㅣ可勝數哉아夫人而鴻毛一縷於迷信而已則悲不勝悲라迷信者는似有功이는弊

已不勝其多라

佛敎則不然호야惟懼衆生之迷信也故로經에曰以悟爲則이라호시고又曰爲令衆生

으로入佛智慧海라호시며正覺正徧智之說이在々皆然호니佛其至矣로다自出現而

六年苦行而四十九年說法而欛示雙跌而一居一動而一語一默이何一非欲衆生之轉

迷爲悟也리오且天堂地獄之說과不生不滅之語가有則有矣느其旨義가與他敎로不

同호니何也오經에曰地獄天堂이皆爲淨土라호시고又曰衆生心이是菩薩淨土라호

시니由是觀之호면天堂은非天堂之天堂이라乃自心之天堂이오地獄은非地獄之地

獄이라乃自心之地獄이라夫不可說不可說微塵數世界와其中所有森羅萬像이皆衆

生心中所具故로佛說八萬四千法門이離心코無他物이니與向所謂迷信於與巳風馬

牛不相及之天堂奉廟等者로相去幾何오且不生不滅者는非他敎所謂永生之類也라

寶圓滿覺海之主人公이라佛敎中獨一無二之代表라夫萬死萬生者ㅣ特冥頑不靈之

盛飯囊이라若夫竪窮三際而不爲久호고橫亘十方而不爲大호야逈脫根塵호야寂而

常照者를曰眞如니眞如者는不變之謂也라此ㅣ豈曾生死리오衆生이有此無漏之實於方寸之間而自迷不知故로我佛世尊이以大慈大悲로以爲說法ᄒ시니但衆生根器가若面일새百千方便이雖云種々이나究竟目的은惟眞如是賞라得魚忘筌이오見月忘指라筌與指ㅣ豈迷信哉리오但方便而已로다於是에衆生이始知七尺肉塊之俯仰於數十裘葛이皆虛幻ᄒ야求其不生不滅於盡未來際之眞我ᄒ니其希望이果有窮乎아無窮乎아豈獨迷信而後에言希望也리오佛敎者는智信之宗敎오非迷信之宗敎니라

二는哲學的性質이라哲學家與宗敎家之往々相衝突不相容者ㅣ盖以迷信與眞理ㅣ相水火故也라宗敎家ㅣ一任迷信而不知反이며哲學家ㅣ必出全力而抗之ᄒ야使所謂迷信者로將絕跡於今後一世紀內之天地가無可疑也라

夫佛敎ㅣ豈曾與迷信宗敎로同歸一轍이리오經에曰福慧兩足이라ᄒ시고又曰一切種智라ᄒ시니一切種智者는證悟自心ᄒ야瑩徹無礙ᄒ야無所不知之謂也니窮無所不有之理ᄒ야期無所不知之域者ㅣ非哲學家之究竟歟아哲學家ㅣ自難이니於我佛世尊에何有리오欲知哲學大家ㅣ딘舍釋迦無有니謂余不信인디請以東西哲學之與佛敎吻合者로大畧質之ᄒ리라

支那人梁啓超曰佛耶兩種이幷以外敎로入中國而佛氏는大盛ᄒᆞ고耶氏는不能大盛

者는何也오耶敎는惟以迷信으로爲主ᄒᆞ고其哲理淺薄ᄒᆞ야不足以饗中國士君子之

心也오佛說은本有宗敎而哲學之兩方面ᄒᆞ야其證道之究竟也ㅣ在覺悟ᄒᆞ고其入道

之法門也ㅣ在智慧ᄒᆞ고其修道之得力也ㅣ在自力ᄒᆞ니佛敎者는不能與尋常宗敎로

同視者也라佛學入震旦으로與之相備然後에中國哲學이乃放一異彩라ᄒᆞ니以是

觀之ᄒᆞ면支那哲學之增光이實佛敎之賜也라嗚乎라佛敎之入于鮮朝이今一千五百

餘年이라正告于千五百餘年間圓其顯方其趾於朝鮮者曰朝鮮哲學之異彩가何如오

夫同一不龜手也도듸一人은用之爲將ᄒᆞ고一人은用之未免洴澼絖ᄒᆞ니顧用之者ㅣ

人이리於不龜手에何怨이리오

德儒康德이曰吾人擧生之行爲가皆我道德上之性質所表見也라故로欲知吾性之是

否自由ㄴ듸非可徒以軀殼之現象으로論이라而當以本性之道德으로論이니夫道德

之性質則誰能謂其有絲毫不自由者哉아道德之性質은不生不滅ᄒᆞ야而非被限被縛

於空刧之間者라無過去ᄒᆞ며無未來而常現在者也니人이各皆憑藉此超空越刧之自

由權ᄒᆞ야而自造其道德之性質ᄒᆞᄂᆞ니故로我之眞我가雖非我之肉眼所能自見이ᄂᆞ

然이나 以道德之理로 推之면 則見其有超軼호야 出於現象之上而立乎其外者ㅣ 果爾則 此眞我는 必常活潑自由ㅎ야 而非若肉體之常範圍於不可避之理ㅣ 明矣라 所謂活潑自由者는 何오 吾欲爲善人과 欲爲惡人이 皆由我所自擇이라 旣已擇定則肉體가 乃從其命令ㅎ야 以鑄成善人惡人之資格ㅎ느니 由是觀之則吾人之에 所謂自由性與不自由性兩者의 同時幷存이 其理較然易明也라 ㅎ니라 梁啓超ㅣ 釋此說曰 佛說에 有所謂眞如ㅎ니 眞如者는 卽康氏所謂眞我라 有自由性者也오 有所謂無明者는 卽康氏所謂現象我니 爲不可避之理所束縛ㅎ야 無自由性者也라 佛說에 以爲吾人이 自無始以來로 卽有眞如無明之兩種子ㅎ야 含於性海識藏之中而互相薰ㅎ느니 凡夫는 以無明으로 薰眞如故로 迷智爲識ㅎ고 學道者는 復以眞如로 薰無明故로 轉識成智라 ㅎ니 宋儒ㅣ 欲用此義例ㅎ야 以組織中國哲學故로 朱子ㅣ 分出義理之性與氣質之性ㅎ야 其注大學에 云ㅎ딕 明德者는 人之所得乎天而虛靈不昧ㅎ야 以具衆理而應萬事者也라 但爲氣稟所拘와 人欲所蔽則有時而昏이라 ㅎ니라 然이나 佛說此眞如者는 一切衆生所公有之體오 非一人之各有一眞如也라 ㅎ고 而康德은 謂人皆自有一眞我라 ㅎ니 此其所以爲異也라 故로 佛說에 有一衆生이 不成佛이면 則我ㅣ 不能成佛이라 ㅎ

시니 爲其體之爲一也라此는其於普度之義에 較博深切明ᄒᆞ고康德은謂我ᅵ苟欲爲

善人이면斯爲善人이라ᄒᆞ니 爲其體之自由也라此는其於修養之義에亦較切實而易

入이라若朱子之明德은旣未能指其爲一體之相ᄒᆞ니是所以不逮康德也오又說此明德

者ᅵ爲氣禀所拘와人欲所蔽라ᄒᆞ야其於自由之眞我與不自由之現象我에界限이未

能分明ᄒᆞ니是所以不逮康德也라康德之意는決非他物所能拘能蔽也라

能拘蔽則是不自由也라ᄒᆞ니梁氏之言佛與康氏相異之點이未必盡當이라何以故오

佛曰天上天下에惟我獨尊이라ᄒᆞ시니是는明其人人이各有一自由之眞我也라佛則

於人人公有之眞我與各有之眞我에言之無餘어시늘但康氏於大同共有之眞我에未

及言之耳라由是觀之면佛之哲理가迥乎博矣라佛旣成佛而以衆生之故로又不能成

佛이면衆生이亦旣成衆生而以佛之故로又不能成衆生이明矣라何則고心佛衆生이

三無差別이니誰爲佛이며誰爲衆生고此所謂相卽相離ᄒᆞ야不卽不離ᄒᆞ고一而萬々

而一者也라界限於日佛衆生間者ᅵ但空中華와第二月而已라

英人倍根이曰吾人之精神이如凸凹鏡ᄒᆞ야外物之來照者ᅵ或於凸處ᄒᆞ며或於凹處

ᄒᆞ니於是乎雖同一物이ᄂᆞ而其所照不同故로我之觀察이自不得不有所謬니此爲致

誤之第一原因이오又五官所接者ㅣ非物之本色而物之假相이니此爲致誤之第二原因이오又吾人之體質이各々相異호니此爲致誤之第三原因이라호니倍氏此說이苦思極索호야有得於實驗而後에所發之論이니與楞嚴經義로多相類라經에曰譬如有人이以淸淨目으로觀淸明空이면惟一淸虛오逈無所有라가其人이無故不動目睛호야瞪以發勞호면則於空에別見狂華라호시니淸淨與發勞는卽倍氏之凸凹라或凸或凹而不同其照가如空之於淸淨目에爲空호고發勞目에爲花오經에又曰卽身與觸이二俱虛妄이라호시니所觸之物與能觸之六根이皆假相故로曰二俱虛妄이라倍氏는但知所接之物이非本色而不知能接之六根이與之幷非本色이니此는倍氏之遜於佛者也오經에又曰如一水中에現於日影이兩人이同觀水中之日호고東西各各有日이隨二人去호야一東一西호야光無準的이라호시니倍氏之第三原因이即此意也니라、

法儒笛卡兒以爲學者ㅣ苟各々自有其所信之眞理면自堅持之以成一家호고其有相異若不相容者어든則對壘攻擊호야往復相纏호면久之而完全之眞理가行將出乎其間矣라何也오智慧ㅣ雖有高下大小之差ㄴ其本性則相同而眞理之爲物이又純一而

無雜者也라夫以同一本性之智慧로求純一無雜之眞理ㅎ야黽勉從事ㅎ면安有不殊

道同歸者耶아故로其始에雖或人人異論이ㄴ而必有相笑之一日이라ㅎ니笛氏此論

이與圓覺經義로節節相符라笛氏之各各自有云云은即經之見解爲礙也오對壘攻擊

云云은即經之起諸幻以除幻者也오完全之眞理云云은即經之即得究竟也오本性則

相同云云은即經之衆生國土가同一法性也오殊塗同歸云云은即智慧愚痴가通爲般

若也라夫性豈有二며理豈有異리오以無二之性으로尋不異之理則必握手於一處가

無可疑也라夫四與四爲八은不易之數也로되全昧算學之童子則或爲七ㅎ며或爲九

ㅎᄂ니七與九ᄂ即見解爲礙之幻者라漸而至於除幻ㅎ면天下之童子가無一不以爲

八矣리니眞理者ᄂ四與四爲八之類也라疑笛卡兒前生에多讀圓覺經者也로

其外柏拉圖之大同說과盧梭之平等案과陸象山王陽明之禪學이皆符合佛旨ㅎ니此

ᄂ東西哲學이與佛敎相符者之大畧也라余於西哲之書에一無所讀ㅎ고往往撫拾者

ㅣ不過其片鱗殘爪之如曉星見於譯傳多手之別書而已라惜乎其未見全豹也로다雖

然이ᄂ哲學之爲金科玉律於東西古今者ㅣ亦爲佛經之注脚이無俟言也라何以故오

以上所引之數子者ㅣ皆於哲學界에以無厚로入有間ㅎ야恢恢乎有餘地者也니其爲

眞哲學家를可知라苟理之異也어니와不異則此之眞哲學이與他之眞哲學으로不爽

毫末이오苟理之變也어니와不變則今之眞哲學이與古之眞哲學으로不爽毫末하리

니旣知數子之學理가密契佛印則非數子者ㅣ安知不學理之亦契佛印也리

오非欲强持他事하야苟同一理也라同一佛性이며同一眞理故로殊道同歸오萬派一宗

이니佛敎者는哲理之大國也라

夫衆生界가無盡故로宗敎界가無盡이오哲學界가無體이니但文明之程度가日進則

宗敎與哲學이漸趨於高尙之域而謬見與迷信을又安能復睹也리오夫宗敎而哲學之

佛敎는將來道德文明之原料品也니라

論佛敎之主義

天下에無無主義之事하니苟事而主義不立하면紛妄虛逸하야雖聖人之智라도不能

治事而奏效也라主義一定이면其趣向之易見이已如興薪하야前道吉凶成敗를繫定

於坐上이니論事者ㅣ當先知其主義而無惑焉이라若佛敎之主義는大分有二하니一

曰平等主義오二曰救世主義라

平等主義者는不平等之反對也라古今天下에不平等者를何其多見而平等者를不數

見也오同一賢人也로ᄃᆡ顏淵은天而仲由는刑ᄒᆞ고同一美人也로ᄃᆡ妲己는妖而貂蟬

은忠ᄒᆞ고同一英雄也로ᄃᆡ華盛頓은成而拿破侖은竄ᄒᆞ고同一萬物也로ᄃᆡ若者生ᄒᆞ

며若者死ᄒᆞ며若者強ᄒᆞ며若者弱ᄒᆞ야不平等으로相緣ᄒᆞ야生出無數不

平等ᄒᆞ니每一念及於不平等之故ㅣ未嘗不心悄悄其淚漣漣也로다

然則平等之道奈何오齊壽、天、善、惡、成、敗、強、弱、等而爲一歟아曰惟々否々라如

是如是ᄒᆞ니若以不平等者로觀之則無非不平等也오若以平等者로觀之則無非平等

也라不平等者는何오事物現象이被制限於所謂不得不然之公例者ㅣ是也오平等者

는何오超空越刧ᄒᆞ야無所繫屬之自由眞理是也라果爾々則顏淵仲由之天刑과妲己

貂蟬之妖忠과華盛頓拿破侖之成敗와萬物之生、死、強、弱、等이但其現象之被制限

者而己라若夫超空越刧之眞理則初未嘗天、刑、妖、忠、成、敗、生、死、強、弱、也라蘇

子瞻이曰自其變者而觀之則天地도曾不能而一瞬이오自其不變者而觀之則物與我

ㅣ皆無盡藏也라ᄒᆞ니此於現象眞理之故에見之已瑩者矣라所謂平等者는眞理也오

非現狀也니라

我佛世尊이憫夫衆生之迷於不平等之假相而不能解脫故로乃舉其平等之眞理而示

之ᄒᆞ시니 經에 曰 了知身心이 畢竟平等ᄒᆞ야 與諸衆生으로 同體無異라ᄒᆞ시고 又曰 有

性無性이 齊成佛道라ᄒᆞ시니 於平等之理에 深切普博ᄒᆞ야 無所不透라 何其異於不平

等者ㅣ 若是其極也오

近世自由主義와 世界主義가 實平等眞理之子孫也라 自由之公例에 曰 自由者는 以不

侵人之自由로 爲界限이라ᄒᆞ니 人人이 各保自由ᄒᆞ야 勿侵他之自由면 我之自由가

人之自由로 同ᄒᆞ고 彼之自由가 與此之自由로 同ᄒᆞ야 自由ㅣ 皆成水平線之勢ᄒᆞ야 毫

無差異ᄒᆞ면 平等이 孰過리오 且世界主義者는 勿論自國他國此洲彼洲此種彼

同爲一家ᄒᆞ고 同爲兄弟ᄒᆞ야 無相競爭ᄒᆞ며 無相侵奪ᄒᆞ야 治世界를 如治一家之謂也

니 若是則平等乎아 否乎아 此等議論이 在今日에 縱歸坐上空談이ᄂ 此後文明之程度

가 至於極端則將行之於天下ㅣ 無待言也라 何也오 有其因者ㅣ 有其果ᄒᆞ고 有其理者

ㅣ 有其事ᄒᆞ이 影隨響應ᄒᆞᄂ니 眞理之來에 雖欲拒之ᄂ 扛鼎之手와 開山之砲로

不勝任이라 果爾則 今後之世界ᄂ 名之曰佛敎世界니라 以何因緣으로 名佛敎世界오

曰平等故며 自由故로 世界大同故로 是故로 名佛敎世界니라 佛之平等이 豈止此而已

리오 阿僧祇恒河沙之華藏世界와 如是世界中 一一物 一一事를 無一遺漏ᄒᆞ고 皆成平

等也니라

救世主義者는何오獨利主義之反對也라人之談佛教者는獨善其身
之教라ᄒᆞᄂᆞ니是未足而知佛教者矣로다獨善其身者는與佛教로正成反比例者也라
華嚴經에曰我當普爲一切衆生ᄒᆞ야於一切世界와一切惡趣中에盡未來際토록受一
切苦라ᄒᆞ시고又曰我當於彼地獄畜生閻羅王等處에以身爲質ᄒᆞ야救贖一切惡趣衆
生ᄒᆞ야令得解脫이라ᄒᆞ시며其外千言萬偈가不出於度生ᄒᆞ니是果獨善其身乎아嗚
乎라佛其至矣라衆生이何以報恩가夫堯以不得舜으로爲憂ᄒᆞ시고舜以不得禹로爲
憂ᄒᆞ시고禹ㅣ治水於外이三過其門而不入ᄒᆞ시고孔子는厄於陳蔡ᄒᆞ시고耶蘇는刑
于街上ᄒᆞ시니皆出於救世而之至也라安有不救世而享千秋之馨香者哉아雖然이ᄂ其
願力之大多와慈悲之博深이莫佛教若이라苟論獨善其身之罪면巢父, 許由, 張沮,
桀溺, 荷蕢丈人, 楊朱之徒及學仙者流가當坐此律이라若世尊則實獨一無二之救世
主也니라

論佛教之維新이宜先破壞

維新者는何오破壞之子孫也오破壞者는何오維新之母也라天下에無々母之子則類

能言之로딕 無々破壞之維新則莫或知之ᄒᆞᄂᆞ니 何其於比例之學에 推知未遠也오 夫破壞也者ᄂᆞᆫ 非毀徹而滅絕之謂也라 但革其舊習之不合於時者ᄒᆞ야 使之向新而已라 名雖破壞ᄂᆞᆫ 實非破壞라 愈善維新者ᄂᆞᆫ 愈善破壞ᄒᆞᄂᆞ니 破壞緩者ᄂᆞᆫ 維新이 緩ᄒᆞ고 破壞速者ᄂᆞᆫ 維新이 速ᄒᆞ고 破壞小者ᄂᆞᆫ 維新이 小ᄒᆞ고 破壞大者ᄂᆞᆫ 維新이 大ᄒᆞᄂᆞ니 維新之程度ᄂᆞᆫ 當以破壞도 爲比例差라 維新之最先着手者曰破壞是也니라

今有人焉ᄒᆞ야 方病大癰ᄒᆞ야 治於羣醫인대 待其自隤自瘳ᄒᆞ야 杳不加手者ᄂᆞᆫ 不知醫之道也라 姑置之ᄒᆞ고 略加鍼灸ᄒᆞ야 外合其皮ᄒᆞ고 不除其源ᄒᆞ야 務求姑息者ᄂᆞᆫ 醫之庸者也니 安知不醫之數日에 其殘血餘毒이 已隤亂彌浮於皮之內ᄒᆞ야 病人之苦痛이 愈甚於未醫之前而死期將至哉아 若夫國醫則不然ᄒᆞ야 割其贅肉ᄒᆞ고 潑其凝血ᄒᆞ야 除其毒拔其根而後에 按症投劑ᄒᆞ야 漸成完合ᄒᆞ야 使病人으로 宛如未始有腫者ᄒᆞᄂᆞ니 彼庸醫者ㅣ 若一寓目於割肉潑血ᄒᆞ야 若無所顧恤之時ᄒᆞ면 則不奇驚殊怪ᄒᆞ야 以謂將殺人者ㅣ 無幾矣리라 雖然이ᄂᆞ 較於完治之後則孰得孰失과 孰優孰劣을 智愚共辨也니라 夫破壞者ᄂᆞᆫ 割肉潑血之類也니 維新者之合先破壞가 若醫者之惟割潑是先이也니 能言維新而不欲破壞者ᄂᆞᆫ 適越而北其轍也라 未有能者也니 僧侶之守舊派ㅣ 可以

知矣라

夫誰不欲事之愈久無弊也리오만은歲月이轉深ᄒᆞ면無從之弊가生於不期之地ᄒᆞ야

駸々然非復前日之顏色이라朝鮮之有佛敎가千五百餘載라積久生弊이弊復生弊ᄒᆞ

야至于今日에弊乃極矣라所謂弊者는實破壞之資料라有此破壞之資料而務求皮相

之改良이면無有是處니凡有志於佛敎維新者는不患不維新이오患不破壞니라

論僧侶之敎育

敎育多者는文明盛ᄒᆞ고敎育少者는文明衰ᄒᆞᄂᆞ니敎育無者는野蠻禽獸之道也라古

者에設庠序學校ᄒᆞ야而敎人者는欲人之不野蠻禽獸也라孟子ㅣ曰逸居而無敎면則

近於禽獸라ᄒᆞ니人欲自擇인ᄃᆡ必自敎育始라夫文明은生於敎育ᄒᆞᄂᆞ니敎育者는文

明之花오文明者는敎育之果라文明은似寒暑針ᄒᆞ고敎育은似氣候ᄒᆞ니隨氣候之程

度而升降者는寒暑針也오隨敎育之程度而盛衰者는文明也니由是로知學之可貴而

不可失也라夫人生世間ᄒᆞ야衣食夢覺之外에別有目的者ㅣ存焉ᄒᆞ니目的者는何오

吾人義務之彼岸이是也라到達目的이自有方法ᄒᆞ야不可顚倒狼狽也니欲知方法인

디學盖其要也라飯泉規矩三이日旣立志欲達此目的矣ᄂᆞ디則所以達之者는自不得

不資於學이라ᄒᆞ니此其義也ㅣ니라

學亦有要乎아曰有ᄒᆞ니以智慧로爲資本ᄒᆞ고以思想自由로爲公例ᄒᆞ고以眞理로爲

目的ᄒᆞᄂᆞ니學者ㅣ於此三者에闕一不可라雖然이ᄂᆞ無智慧無眞理ᄂᆞ猶可言也어니

와無思想自由ᄂᆞ不可言也라何也오無智慧無眞理者ㅣ苟有思想自由ᄒᆞ면雖不可以學

者로稱이ᄂᆞ猶不失自由之人格이라可以爲愚直之人이어니와無思想自由者ᄂᆞ不問

其學之精與不精ᄒᆞ고一言而蔽之曰奴隷之學이라奴隷者ᄂᆞ何오無以名之ᄒᆞ야名之

曰生而死人이니生而死者ᄂᆞ雖生猶死之謂也라夫死而死도人不堪其悲어ᄂᆞ生而死

者ᄂᆞ雖欲吊之ᄂᆞ已無似矣라莊子ㅣ曰哀莫大於心死오而身死ㅣ次之라ᄒᆞ니豈欺余

哉리오形役之奴隷ᄂᆞ金錢之奴隷오學理之奴隷ᄂᆞ精神之奴隷니金錢之奴隷ᄂᆞ一時

之奴隷오精神之奴隷ᄂᆞ永刦之奴隷라夫人亦何心으로樂爲永刦之奴隷也리오學者

一對書이不論深淺美惡ᄒᆞ고當一ᄉᆞ以吾之智慧로點檢之ᄒᆞ야有不合於吾心者어ᄃᆞ

雖大聖鴻哲之論이라도棄之如弊屣ᄒᆞ고合於吾心이어ᄃᆞ雖至愚極小之言이에라도玩

之如奇花ᄒᆞ며且屢變硏究ᄒᆞ야務合眞理ᄒᆞ야苟合眞理어ᄃᆞ仍成鉄案ᄒᆞ야反千古而

自立ᄒᆞ며忤一世而不惑ᄒᆞᄂᆞ니故로思想自由者ᄂᆞ人之生命也오學之樞機也ㅣ니라

嗚呼라幾何其不牽朝鮮之僧侶學者ᄒ야入於奴隸之域也리오入於奴隸而雖欲無言

이ᄂ不可得也라請言學界之思想自由가莫如僧侶而思想不自由가亦莫如僧侶라何

則고僧侶之入學也이隨其程度而各有學級ᄒ야受相當之課ᄒᄂ니每日定課이學生

이先以一日之力으로自究其所定課之文義ᄒ야有得於心而後에同級이相聚論講ᄒ

야反覆辨難ᄒ야繫定得失然後에始問講於敎師ᄒ야攙決可否ᄒᄂ니此ᄂ僧侶學界

之特色이라比諸他學者之一不自究ᄒ고惟師是從者의其思想自由ㅣ有不可同日而

語者矣라不圓法久生弊ᄒ야規與行異ᄒ니學者之所究所論이無過尋章覓句之短話

而已오所辨所爭이惟是陵人立我之私見而已라其於大義深旨則無所過問也라終日

研究ᄒ고終日論講而自不知所研究者ㅣ何事며所論講者ㅣ何義ᄒ야茫茫然無所得

者ㅣ蓋十之七八이오若有一立己見ᄒ야駁說先輩者면必以私見外道로目之ᄒ야使

之不敢置一言於其間ᄒᄂ니由前之說則何其自由而由後之說則何其不自由也오思

想自由ㅣ豈區區之章句訓詁와人我私見而止哉아此ᄂ所以學界之思想自由가莫如

僧侶而思想不自由ㅣ亦莫如僧侶者也니若是乎終歸奴隸之學則不敢爲僧侶諱也라

思想이一不自由면雖有何等智慧와何等博涉이라도皆多其善爲奴隸之具而已라幷

其智慧博涉而無者則僧侶學之所以墜地於今日也니學者ㅣ盡反之오

僧侶敎育之急先務가有三ᄒᆞ니 一曰普通學이라普通學者ᄂᆞᆫ如人之衣服飲食也라無

論洋之東西와種之黃白ᄒᆞ고皆知衣服飲食而爲生ᄒᆞᄂᆞ니不衣服飲食者ᄂᆞᆫ吾知其不

數日에永謝天地矣라普通學이亦然ᄒᆞ야苟有不知者면動靜云爲日接庶事之間에無

非面墻이라不能生存於競爭時代ᄒᆞᄂᆞ니故로文明國에凡有四其支六其根ᄒᆞ야能通

言語者면莫不知之오且普通學은專門學之預備科也니宗敎學者가尤當於此에三致

意ㆍ焉이라僧侶學者ㅣ不問其學力之優劣ᄒᆞ고皆從事於佛敎專門ᄒᆞ야視普通學을如

仇讎ᄒᆞ야非徒不學이라反爲毀之ᄒᆞᄂᆞ니多見其不知量也로다且佛敎々科書與敎授

次第가皆不得其當ᄒᆞ야往々事倍而功不半者ㅣ有之矣라其學이萎靡에散而不收ᄒᆞ

야漸致眼目이固陋ᄒᆞ고胸襟이腐敗ᄒᆞ야多以污恠誕妄之談으로驚世駭俗ᄒᆞ야至於

使世人으로目之以棄物ᄒᆞ야不齒人類ᄒᆞ니彼一身之自戕이已是可哀而有傷佛敎가

不亦甚乎아苟爾々則佛敎々科書를或新編或刪定ᄒᆞ야定其次序ᄒᆞ야使淺近易曉者

로兼入於普通科ᄒᆞ야使學得卒業ᄒᆞ야知所自擇然後에轉入佛敎專門이면其事甚順

ᄒᆞ고其理易明ᄒᆞ리니普通學之不可以已ㅣ如是々々ᄒᆞ니라

二曰 師範學이니 模不模範不範이면其器之欲無窳落傾欹ᄂᆞ不可得也니一俔方、

閫、長、短、高、下、敧、正으로得宜於模範이면而器ᄂᆞ不足稱也라敎人이亦然ᄒᆞ야師

之道一得而學亦思過半矣니라師範이有二ᄒᆞ니一曰天演師範이니物境之自然感觸

於吾人根識而有得者오二曰人事師範이니敎導薰習ᄒᆞ야矯救其弊之類也라推古及

今에未有不賴此兩道師範而學者라庖羲八卦ᄂᆞ學於河圖ᄒᆞ고大禹九疇ᄂᆞ學於洛書

ᄒᆞ고哥侖布之地球學은學於浮草ᄒᆞ고奈端之重學은學於萍實ᄒᆞ고瓦特之汽機學은

學於沸水ᄒᆞ고達爾文之進化學은學於灘石ᄒᆞ니此皆學於天演師範也오虞書之敎官

卽禮記之任師와妊姒之胎敎와孟母之三遷은是皆人事師範也라哲人君子英雄豪傑

九流百家之卓々有名於後者ᅵ安有不得賢師而後成也리오師範之道不備ᄒᆞ면誦讀

之聲이溢街盈途而吾知其將效不收也라今日之師ᄂᆞ則前日之學生이니欲知今日師

範之良否ᄂᆞᆫ先看前日敎育之得失而足矣라僧侶敎學之事를槪已言之則所謂師範

之資格ᄋᆞᆯ推可知矣라今日倬々然立於師位者ᅵ六洲之莫辨ᄒᆞ고五種之未曉ᄒᆞ야聞

生存競爭之說則有時乎聾者音樂이오對萬國地圖則無處非盲者丹靑이라夫如是者

一不知凡幾라嗚乎라天地大矣오學界廣矣어ᄂᆞᆯ後生이何罪로甘聽指導於此瞽々然

無恥者ᄒᆞ야踏其轍而作第二之螟蛉也리오如是而相續不斷이면其毒後生이愈有其
極가此ᄂᆞᆫ無他라師學不明故라欲反此道ᄂᆞᆫᄃᆡ宜先設師範學校ᄒᆞ야僧侶中에自十五
歲以上으로至四十歲以下ᄒᆞ야稍有才德者ᄂᆞᆫ皆當應選受學ᄒᆞ고其科程則普通師範
與佛敎學을和合損益ᄒᆞ야務圖得當ᄒᆞ면敎授之不四五年에小學校之敎師가固不乏
人而學界顏色이非復前日之使人一見이輒欲作嘔者也리라若是而新之又新ᄒᆞ야有
進無退ᄒᆞ면將來佛敎之放大光明於世界가其在斯乎ㄴ져其在斯乎ㄴ져敎育云敎育
云而不欲師範者ᄂᆞᆫ葉公之好龍也니라

三曰　外國留學이니學於印度ᄒᆞ야俾探佛祖之眞跡ᄒᆞ며廣求經論之未及東傳者ᄒᆞ
야擇其要而譯之ᄒᆞ야以布世界ᄒᆞ고學於支那ᄒᆞ야佛敎東漸以來之歷史와乃祖乃師
之奇聞異蹟과其他有關係於佛敎者를一一採取ᄒᆞ야以備崇考ᄒᆞ고學於歐美文明各
國ᄒᆞ야扣其宗敎之沿革現狀與夫其餘種々ᄒᆞ야擇其美而以補我闕이면豈不美哉아
留學之意가大率如是耳라夫交換智識ᄒᆞ며互通文學은明達之道也오久遠之術也라
外國留學이苟得其道면有不可思議之利益於尋常萬々之外니有志者ㅣ當深長思也
니라

敎育之不可少緩於今日이若是其極也어늘彼老朽腐敗頑固鄙劣之輩가百方沮戲호
야因循不進호야使靑年으로斷送不我與之光陰於無何爲之鄕호니嗚乎라彼輩旣已
不學호야亡其身衰其敎而有餘矣라靑年이有何怨咎於彼輩而使之無學호야同入亡
軌乎아宅心無良이胡至此極고文明風潮가其力이甚大호야決非此輩之所能抵抗不
遂也니敎育之將彌滿良好를可睹掌上이라雖然이는今之文明이日驟日亟호야非駑
馬之可追라少有緩急이면其差千里니雖欲無急이는鳥得無急이리오大聲疾呼於僧
侶同胞曰沮害敎育者는必往地獄호고進與敎育者는當成佛道호리라

論叅禪

陰陽萬變이本乎極호고繪畵萬像이後於素호며大小萬法이始於心호느니明心之道
曰叅禪이라本非叅禪이언만은是名이叅禪이니라
心外無物이라豈有心外之物也리오時間歷史와空間萬類가皆依心而有也니無一事
一物이能獨立於[illegible]角者爲牛호고鬣者爲馬호고飛者爲禽호고走者爲獸호고
鱗者爲水族호고榮枯者爲草木이以肉眼으로泛然觀之則皆實有而非假有하나誰知此
牛此馬、此禽、此獸、此水族、此草木이本非牛、非馬、非禽、非獸、非水族、非草木也

언만은 被心之假定而始爲牛 爲馬爲禽、爲獸、爲水族、爲草木也리오 不見夫幻者之

或有、或無、或在、空中、或在地下也아 彼幻者ㅣ本非無、非有、不在空中、不在地下

也언만은 見者ㅣ以心으로定其假相ᄒ야 爲有、爲無、在空、在地者ㅣ不能自立ᄒ야 爲在空中、爲在地下也니 苟非

見者之心이면 所謂有、無、在空、在地者ㅣ於是乎窮ᄒᄂ

니 然則支那之長城과 埃及之運河와 英吉利之偏敦과 美利堅之紐育과 大洋海之珊瑚

島와 西伯亞之大鐵道와 越南人之餘淚와 波蘭兒之密語와 如是等恒河沙數事物이 何

一非心之假定而本無也리오 故로曰一切惟心造라ᄒ니라 嗚乎ㅣ一翳在眼이 空華亂

墜ᄒᄂ니 萬物者ᄂ 心之空花也오 心者ᄂ 萬物之翳也니 苟心之無翳也ㄴ디 萬物之來

照者ㅣ不能逃其眞相之毫末이라 心一明而萬理如破ᄒᄂ니 此ᄂ 衆禪之所由起也니

라

試問於世界之人曰君等이 以何因緣으로 出現於世乎아 彼等이 無以對也라 又問曰人

生之組織이 槪以心理與軀殼二要素爲之者也라 軀殼則旣已聞命於物理學家及醫學

家어니와 心理之組織이 果何以爲之者耶아 心理者ᄂ 單純之一原子乎아 抑二個已上

之原子ㅣ和合而成者歟아 別有一物이 在上而造成之者歟아 抑自然爲之者歟아 彼蒼

無以對也라又問曰人生百年之內에必有死之一日이라其死之時에心與軀殼이同

時泯滅歟아抑有不死者一物이超然獨存於無窮者乎아彼等이無以對也라嗚乎라自

古迄今에東西哲學家與理學家ㅣ踵相接也어늘此至近在我之心理問題가尙未結案

者ㄴ獨何歟아理學家則但以腦中所具之智慧로硏究事物之理호야或推測호며或實

驗而已라夫宇宙事物之理者ㄴ無窮者也오智慧者ㄴ有限者也라以有限之智로究無

窮之理則盡空劫之人而專門從事라도決不足以卒業矣라滿世間之鷲子와如恒沙之

菩薩이盡思度量호야도莫知少分이正謂此也라理之至複雜至幺微者ㄴ不可以思量

計較로得이라況心者ㄴ位乎智慧之上호야命令智慧而左右之者也니以被命令之智

慧로豈可越權而反究其心哉아故로心者ㄴ非智之可究者오且別無一物이位乎心理

之上而能解釋此心者則自不得不靜養其心之本體而自明이라故로息言絕慮호야頓

斷一切因緣호고究竟此一大事公案호야一朝에豁然開悟則心之全體大用이無不明

矣而根本的心理問題가於是乎永釋호나니質而言之호면參禪은體也오哲學은用也

며參禪은自明也오哲學은硏究也며參禪은頓悟也오哲學은漸悟也라

可以一言而收參禪之要者曰寂寂惺惺이是也라寂寂則不亂호고惺惺則不昧호며不

動則無紛起ㅎ고 不昧則無昏墮ㅎᄂᆞ니 無紛起無昏墮而心之體ㅣ 明矣

異哉라 今之叅禪人이어 古之人은 寂々其心이러니 今之人은 寂々其處ㅎ도다 古之人은

不動其心이러니 今之人은 不動其身이로다 寂々其處則厭世而已오 不動其身則獨善

而已라 佛敎者ᄂᆞ 救世之敎也오 度生之敎也어ᄂᆞᆯ 爲佛弟子者ㅣ 厭世獨善而已則不亦

違哉아

挽近朝鮮寺刹이 除孤庵殘寺外에 禪室이 幾乎無寺無之ㅎ니 何其禪風之振歟아 雖然

이ᄂᆞ細考其內容則未必盡出於興禪之本意也라 或以禪室로爲寺刹榮譽之具ㅎ고 或

以禪室로爲射利之具ㅎ야 紛紛雜出則禪室이漸多而眞正之禪侶가己如鳳毛麟角이

라勢不得不以無恆之人으로驅而充之ㅎ니 其弊漸漸積ㅎ야 至於今日則禪侶擁數十分

之內에眞正之禪人은 不過一分而口腹之計者二分이오 愚迷惰怠而兼口腹之計者七

分이라 莫知禪旨之端倪ㅎ고 荏苒歲月ㅎ야 但以古祖拈弄之數句語로爲口頭禪ㅎ야

駸々然甘作意猿睡魔之情友ㅎ야 送靑春迎白髮於昏沉掉擧之間ㅎ니 果胡爲者오若

是乎朝鮮之叅禪은 僅名義上之叅禪이라 質而言之則禪室者ᄂᆞ 榮利之産兒오禪侶者

ᄂᆞ以白米貿來者矣라 余不敢以全部로盡歸同轍이ᄂᆞ十之八九ᄂᆞ 不幸而中吾言矣리

라諸君이疑吾言乎아試以今日之禪室로一朝에皆廢其餼料則禪侶之多ㅣ果無減於

前日乎아諸君은請自思어다夫禪者ㄷ雖上根大智라도叅之固不易々어든果若是汗

漫而或見其效哉아不得不一掃萎靡之積弊ㅎ고別立正々之規制ㅎ야以圖將來之完

美耳라

叅禪云新이其道維何오合朝鮮各寺禪室之財産ㅎ야設一二大規模之禪學舘於當相

之地ㅎ고延聘高明於禪理者數人ㅎ야以爲師ㅎ고願叅人은不分僧俗ㅎ고皆可容而

其募集之時에以一定之法으로試驗之ㅎ고其入禪也ㅣ皆有一定之時間ㅎ야無致散

漫ㅎ고每月에或聽講或討論ㅎ야一則驗其所叅之程度ㅎ고一則交換其知識ㅎ며久

之而優有所得則當著書公於世ㅎ야開導衆生이면如來地頭에一超卽入은雖不能期

其早暮遇之ㄴ形式上之精進規制가豈不幷然哉아若夫各寺執務僧侶之不能入於專

門者則當於其寺에設小叅法ㅎ야每日에利用其執務餘暇之一二時間而叅之則可也

라豈獨別設禪室而後에始云叅禪也리오運水搬柴가無非妙用이오溪聲山色이均是

眞相이로다

論廢念佛堂

朝鮮之所謂念佛者는 乃呼佛也오 非念佛也라 呼佛이 何爲오 阿彌陀佛이 在於極樂國乎

아西方에 過十萬億國土ᄒ야 有一國ᄒ니 名曰極樂이라 何其遼也오 旣無電話則雖如

何大聲疾呼라도 不得聞於十萬億國土之外ㅣ 明矣오 佛身이 充滿於法界乎아 遠近內

外ㅣ 無非佛身이니 更何呼哉며 自心彌陀隨乎아 常在吾身中ᄒ야 揮之不去ᄒ며 招之不

來ᄒ야 無去無來之主人翁也라 彼他人之呼則可커니와 自呼ᄂ 不可ᄒ고 呼他人則可

커니와 自呼ᄂ 不可라 以阿彌陀佛로 呼阿彌陀佛이연 誰呼誰對리오 夫至道ᄂ 無言이

어늘 何其多言이며 淨名은 一默이어늘 何其不默也오 佛道를 呼而可求也ㅣ니 千呼萬

呼而所不辭어니와 呼而不可求也ㅣ니 雖一呼ᄂ 贅言이니라

吾聞念佛之究竟目的이 在於往生淨土라ᄒ니 其其然가 豈其然乎리오 聞成佛而往生

淨土오 未聞呼佛而往淨土者며 聞穢土가 即淨土오 未聞穢土之外에 別有淨土也라土

本無穢淨이언만은 但心有穢淨이라 同一世事也로ᄃ 拿破倫이 見之無難ᄒ고 懦夫見

之有難ᄒ며 同一韓信也로ᄃ 屠人이 見之爲乞士ᄒ고 蕭何見之爲英雄ᄒ며 同一國土

也로ᄃ 問疾大衆이 見之爲穢土ᄒ고 維摩詰이 見之爲淨土라 夫同一境也로ᄃ 所見이

絕異者ᄂ 各隨其業識而已니 豈有他哉아 自佛觀之면 無非淨土오 自衆生觀之則無非

穢土라娑婆世界가卽是蓮華上品也언만은衆生이自不見耳라以何因緣으로佛이見之爲淨土ᄒ고衆生이見之爲穢土오佛은法眼故로見之爲淨土오衆生은肉眼故로故로見之爲穢土니法眼者는何오無翳而已오肉眼者는何오有翳無翳가在於心之明不明이니合而言ᄒ면自心淨土而已라經에曰衆生心이是菩薩淨土라ᄒ시니夫自心이是淨土어늘求淨土者ㅣ不於自心求ᄒ고而他處是求ᄒ면是는猶緣木求魚오括龜索毛니窮年沒齒는何益이리오

或曰若有衆生이至心念佛ᄒ면佛이感其誠而悲其志ᄒ야導之以極樂신가라ᄒ니曰惡라惡可리오是는不知因果之說也라因果者는何오作善因者는受善果ᄒ고作惡因者는收惡果ᄒ야如今之行惡事者는或禁獄或懲役ᄒ고行善事者는或褒揚或世祿之類니天下萬事가初無無因之果와無果之因이니安有一朝一夕에僥倖而免ᄒ며偶爾而得者哉아無往生淨土之因則不得往生이昭々然明矣라不問其所作因之善惡ᄒ고但悲其念佛之誠而導往淨土면是는佛이能有無因果也라雖如何惡業人이라도能諂佛而足往浮土면是何以異於有罪者ㅣ私於法司ᄒ야幸而得免也리오若是者曰濫法이니濫法之罪는浮於犯法이라佛不欲令衆生으로作惡恩而得善果라

但使人으로作善業是務而已라夫春風은無私ᄒ야好生惡死也언만은但桃花開處에

桃子結ᄒ고李花開處에李子結ᄒ며種荳得荳而已오不能花薔薇而果

柑橘ᄒ며根猪苓而葉芭蕉ᄂ니亦春風道德之責任也已라佛豈外是也시오寢假而佛

欲導惡業衆生於淨土則豈獨念佛人是導而不導他人ᄒ야以生差別也리오圓覺經에

曰別生憎愛則不能入淸淨覺海라ᄒ시고又曰對境에不生彼我라ᄒ시니平等無差大

慈大悲之言이라其無擇을可知오寢假以愛憎而導之라도心卽是佛이니我亦有成佛

之道則我自成佛ᄒ야自往淨土면有何不可ᄒ야甘心乞憐於莫遠莫踈之他方佛ᄒ니

何其舍近而取遠이며奴自而主他也오人無自由면時乃非人이오依人이면時或

贅疣이라夫以顧同圓趾同方ᄒ며支同四官同五之善男子善女人으로自爲贅疣而已

면不其大哀乎아支那之古語에曰自求多福이在我而已라ᄒ니라

今之所言者ᄂ欲衆生之廢假念佛而爲眞念佛也라假念佛者ᄂ何오今之所謂念佛也

니呼佛之名號是也오眞念佛者ᄂ何오念佛之心ᄒ야我亦心之ᄒ고念佛之學ᄒ야我

亦學之ᄒ고念佛之行ᄒ야我亦行之ᄒ야雖一語一默一靜一動이라도莫不念之ᄒ야

擇其眞假權實ᄒ야我實有之면是眞念佛爾라懼夫人之不眞念佛而廢之云者ᄂ乃假念

佛之會而已라以同一佛性之儼然七尺으로會坐於白晝淸宵之中ᄒ야打敗皴之皮而

椎頑鐵之片ᄒ여以無意味之聲으로呼不應諾之名號於九夢一覺之中ᄒ니果胡爲者

오目此而爲念佛이何其薇歟아無論何事ᄒ고以心念之者ᄂ夫人誰知之어니와天下

에安有以聲念之者平아若眞念佛者ᄂ되士者農者工者賈者如何報務ᄒ며如何用勞

者라도皆可行之니不必會坐堂上ᄒ야如有聲之機械然後에始可라執若廢之而人與

財ㅣ有百利而無一害也리오凡聖이交徹이오龍蛇混雜이라佛門이廣大ᄒ야斯固容

矣라雖然이ᄂ權而不得中이면不可爲之道오假而不適時면不可爲之教라君王이好

腰細이宮中이多餓死ᄒ고長安이好高髻이遠方이或一尺이라佛門이多方便이末流

之弊가弊乃極於斯矣로다鳥乎라醫門多疾ᄒ고梓床闕足이라余則衆生이ᄂ猶憂孔

殷이어늘世尊은大悲라何以爲情고

論布教

西之言에曰公法千言이不如大砲一門이라ᄒ니以哲學的言之ᄒ면眞理不如勢力之

謂也라余ㅣ初聞之이不覺其俗累ᄒ야自以爲不齒文明之言이러니有觀乎世道競爭

之如今日者而後에始知此言之不俗累而足以爲今世所謂文明之不二法門이라夫事

物之存亡盛衰ᄒ야慘無天日於東西歷史中者ㅣ何其不由公法而由於大砲ᄒ며不出

眞理而出於勢力者를歷見不一見也오若是乎西人此言이爲全世界金科玉律而有餘

矣라若是者를謂之野蠻文明이니道德宗敎人所不稱이라雖然이ᄂ在今日勢力蔑如

之朝鮮僧侶之列者ㅣㅣ有硏究之必要라夫甲之勢力이凌駕乙之勢力이以道德的言

之면罪在甲而不在乙이ᄂ以公例的觀之ᄒ면罪在乙而不在甲이니何以知之오以單

純道德으로觀之면天下萬類가不敢以勢力之故로相奪相殘者則更無待辨이라然而

優勝劣敗와弱肉强食이亦不可不謂之理라所以優所以劣所以强所以弱之道ㅣ不一

而足ᄒ야更僕難盡이ᄂ統而言之ᄒ면勢力而已라譬之甲之勢力은如水ᄒ고乙之勢

力은如地ᄒ니今有一水於此ᄒ야地之高下ㅣ不同則就之高平아就之下乎아其將就

下則雖尺童子라도皆知之ᄒᄂ니夫同一地也로ᄃ水之不就高而就下者ᄂ何也오

水高而地下也ᄂ시니使地不高ᄒ면其誰能保水不就下也리오苟地下而不能保水不

就下ㅣᄃ莫若自高而水亦從此去矣라至是에甲之勢力이未始有罪不罪之責任而乙

之勢力이自有高下也라世之不以乙爲罪ᄒ고以甲爲罪者ᄂ其於反求之道에見之未

明者也니凡天下之爲乙者ㅣ當以此觀으로爲正觀이可也라今他敎之砲가轟々震地

ᄒ고 他敎之勢가 滔滔連天ᄒ고 他敎之水가 騰騰過額ᄒ니 朝鮮之佛敎에 何오

朝鮮佛敎蹂躪之原因이 在於勢力不振이오 勢力不振이 在於敎之不布ᄒ니 敎者ᄂᆞᆫ 宗敎

義務線與勢力線幷進之源泉也라 外敎之入于朝鮮者ㅣ 無一不汲汲然布敎是務ᄒᄂ

니 其孰不曰宗敎人之義務가 自如是也리오 斯固然矣라 雖然이ᄂ 何不一致疑於其間

而深思夫所謂義務之外에 別有競爭者曰勢力也리오 傳敎一人則增一人之勢力ᄒ고

傳敎二人則增二人之勢力ᄒ야 布敎愈多면 勢力이 愈增ᄒ고 勢力이 愈增則人之服從

也ㅣ 易ᄒ고 人之服從也ㅣ 易則布敎之程度가 分外進驟ᄒᄂ니 始焉布敎而之勢力ᄒ

敎終焉勢力而之布敎ᄒ야 日征月邁ᄒ면 其積이 愈厚ᄒᄂ니 耶蘇敎之殆徧於東西者

一坐是之故已라 朝鮮佛敎中에 所謂說法이 稍帶布敎之性質이ᄂ 所說이 不出寺院之

外ᄒ고 其趣味가 卑野駁雜ᄒ야 一無感人之價値ᄒ고 此外에 別無布敎者ᄒ니 良以現

今僧侶擄數가 不過朝鮮人三千分之一이 是ᄂ 三千人中에 爲僧者ㅣ 纔一人이니 爲

僧者ᄂᆞᆫ 何人也오 不遇於爲賤則惑於迷信ᄒ야 惰怠愚懦에 散而不收ᄒ야 初不知佛敎

眞相之爲何物ᄒ니 若此者ㅣ 非人類之下等而何오 積三千人中最下等之一人ᄒ야 以

爲佛敎全部社會ᄒ니 所謂信徒者ᄂ 少數之女人而已오 男子則已如鳳毛麟角이라 嗚

乎라聚羣聾韠에不能成一師曠ᄒᆞ고積羣顚에不能成一西施ᄒᆞᄂᆞ니世人은皆以僧侶爲

少也언만은余則已不勝其多也라今朝鮮之僧侶數千이數千其心ᄒᆞ야一無相成ᄒᆞᄂᆞ니

非多而何오悲夫로다向使佛敎之人으로早布敎런들今之僧侶가未必皆三千人之

末而信徒가未必皆少數女人而已리라欲知今果ᄂᆞᆫ딘昨因이是耳오欲知來果ᄂᆞᆫ딘今

因이是耳라先天은已矣라付諸東流ᄒᆞ고來者ᄅᆞᆯ可追라宜作好因이라春地芳菲ᄂᆞᆫ雖

屬無情이ᄂᆞ秋江芙蓉이實無主人이라一失其時ᄒᆞ면駙馬莫追ᄂᆞ慧命之永存이其在

斯乎ᄂᆞᆫ져其在斯乎ᄂᆞᆫ져布敎之不可以已ᅳ若是其ᅟᅵ也ᄂᆞ라

人欲布敎ᄂᆞᆫ딘必先具其資格이니資格云何오一曰熱誠이오二曰忍耐오三曰慈愛니

三者闕一이면不可爲完全布敎人이라不見他敎人之布敎乎아不關日之寒暑와途之

遠近ᄒᆞ고皆可以往布ᄒᆞ며雖何地何人이라도皆可以敎ᄒᆞ야一人不得則又一人ᄒᆞ고

今日不得則又明日ᄒᆞ야愈不得而愈益布ᄒᆞᄂᆞ니此非熱誠歟아布敎之次에雖有何等

誹謗과何等詬辱이라도莫或相薄ᄒᆞᄂᆞ니此非忍耐歟아智者賤者驕傲者頑迷者雖如

何强剛難化之徒라도皆歡迎而撫喩之ᄒᆞᄂᆞ니此非慈愛歟아如是而敎之不布者ᅳ未

之有也니吾知他敎隆盛之有今日이非徒然也라西國人에有馬達加斯加者ᄒᆞ야傳敎十

年에治得一信徒ㅎ고有吉林德者ㅎ야傳敎於緬甸五年에始得一信徒ㅎ고有拿利林

者ㅎ야傳敎於支那七年에始得一信徒ㅎ니嗚呼偉人哉라過乎其不可及也로다若使

朝鮮之僧侶ㄹ傳敎外國이면幾何其不未得一徒之數月에灰其心ㅎ고又數月에回其

馬也라오五年七年十年而猶未渙其初志者는吾一安得不謳歌之夢想之리오

敎理之不及萬一於佛敎者도猶張牙舞爪ㅎ야以遲其志어늘支妙廣大之如佛敎者一

屏肩縮頭ㅎ야莫敢誰何ㅎ니誰之賜歟아今日之有荒涼은罪在前人이오後日之有興

復은責在今人이라勢力者는保護自由之神將이니勢力이一蹶ㅎ면生或類死라烏乎

라覆巢之下에完卵이無期오皮之不存이면毛將焉求리오佛敎亡而僧侶獨存乎아佛

敎衰而僧侶獨盛乎아佛敎興亡이實僧侶興亡之先聲宣告니然則僧侶之欲興佛敎가

亦間接之利我而已오若夫勢力利我之外에雖磨其頂放其踵而無辭者는曰惟度生之

故니自利々他가幷在布敎ㅎ니라

布敎方法이固非一道라或以演說ㅎ고或以新聞雜誌ㅎ고或以繙經廣布ㅎ고或以慈

善事業ㅎ야百方紹介ㅎ야惟恐圈一이可也어늘今朝鮮之佛敎는無或於此ㅎ니未知

此外에別有道理歟아願聞ㅎ노라

余嘗有志乎擴張佛敎로디常恨僧侶之思想이不及他人이라均是佛性이오均是肉團

이어늘不及則有萬能而有餘則無一拙ᄒ니何其一如此而不如彼也오有口者ᅵ皆曰

無敎育이라ᄒᄂ니盖亦信之라雖然이ᄂ無敎育者ᅵ不及有敎育者則然矣ᄂ同是無

敎育而其天然思量이過出人下者ᄂ不亦奇乎아其原因이在於擇地之不得其道也니

傳에曰擇不處仁이면焉得智리오ᄒ니라

擇地를於何觀고人之所居土ᅵ是也라僧侶所居之小天地曰寺院이니散在於山明水

麗ᄒ고塵烟永絕之中ᄒ야呼吸烟霞ᄒ고吞吐風月ᄒ며空氣新鮮ᄒ고幻夢이淸淨ᄒ

니眞所謂別有天地非人間이라噫라誰知明山麗水가化作劒樹刀山ᄒ고烟霞風月이

變爲三毒五濁ᄒ야所謂別有天地가居然爲黑山鬼窟이리오自古至今에幾個達人明

士가誤入此形式界之別有天地精神界之黑山鬼窟ᄒ야寂々然草木同腐ᄒ야ᅵ去而

不復聞也오感時懷古者ᅵ能無哀乎아前軍覆轍이後車當戒라德儒黑革이曰水性은

使人通ᄒ고山性은使人塞ᄒ며水勢ᄂ使人合ᄒ고山勢ᄂ使之離라ᄒ니果然否아果

則余於靑烏之術에雖無所學이ᄂ今以寺院位置與思想事業之吉凶關係를一々訣之

ㅎ리라

(甲) 無進步的思想이니 進步者는 進々不退之謂라 吾人意思中에 有前途可取之預想者를 字之曰希望이니 希望所生之條件이 甚駁雜無算이ᄂ 皆有避苦趨樂之意味則 同然也라 趣樂之希望이 無人無之로디 有大小長短之別則 不在我而在物也라 何故오 假使一人으로 生於無他一物之世界ᄒ면 但不死足矣오 方丈之食과 錦繡之衣와 廈廈之居와 馹馬之車가 非所欲也라 旣無他物이 能出於吾不死之上者則 吾之希望이 不得不止於不死而更無所問也라 若夫人與物이 相殖相繁ᄒ야 充塞無涯ᄒ야 智巧日滋ᄒ고 精華驟增ᄒ면 接觸六根者ᅵ 知上而不知下故로 人之欲望之範圍가 漸大ᄒ야 大而至於無外ᄒ고 長而至於無窮ᄒᄂ니 欲望이 旣無外無窮이면 進步思想이 亦無外無窮이니 此所以人與物이 相爲彼爲此ᄒ야 互相階梯而進化也라 大都會之進步가 比之窮峽에 有非常之速率이 是其驗也라 僧侶居之의 惟恐不山ᄒ야 所見所聞이 水流花開와 鳥啼雲空而已라 我已得之어니 誰爭余所오 以是自滿ᄒ야 不能前進一步ᄒ니 此ᄂ 進少思想之關於位置者ᅵ一也오

(乙) 無冒險的思想이라 余ᅵ夢與達爾文拿破崙으로 同舟而渡太平洋ᄒ니 海天이

茫々ᄒ야一髮無地라相顧而語ᄒ야以笑河伯之自大러니少焉에盲風怪雨와驚濤鰐浪이浴天沒日ᄒ야折檣失柂에舟無所恃ᄒ야轉動無定ᄒ니擧舟ㅣ失驚ᄒ야不能言動이라枕簟之下에天水相撲ᄒ야與魚爲間이繞數寸板이니焉能無懼리오此時에掌破窗은從容開旋ᄒ야毫不爲亂ᄒ고達爾文은歛心端坐ᄒ야如有所思어늘余ㅣ一時에驚迷失度ᄒ야不能一問이러니已而오風去浪息ᄒ고天晴海晏이라稍々振起ᄒ야叙問其故ᄒ디達爾文이曰吾ㅣ航海이繞地球一周ᄒ야今五年而還이라始則吾與子ㅣ何異리오萬死一生於風浪者ㅣ數次而後에無大驚大懼ᄒ고爲魚爲人者ㅣ數十次而後에不知風浪之爲何物ᄒ고今則不特不知風浪之爲何物이라亦不知舟之爲何物ᄒ고不特不知舟之爲何物이라亦不知海之爲何物ᄒ고不特不知海之爲何物이라亦不知我之爲何物ᄒ니達爾文之所思者ㅣ亦進化之理也도다拿翁이曰異哉라我ᄂ別無航海之事ᄒ니請以戰喩ᄒ리라余ㅣ初戰于西班牙之野에置身於劍電彈雨之中ᄒ야賭澒奥之生死ᄒ니去鬼一髮이라能無懼乎아身經百餘戰則自置生死於無用之地라從玆以還으로天下에無所謂畏者ᄒ니風浪이雖驚이ᄂ視矢石有間이라吾復何懼리오雖百十於此者라도將談

而揮之라ᄒᆞ야늘 一聞此言이 神氣聳動ᄒᆞ야 無翼可飛라 余欠身起敬曰二子之所經이

若是其奇壯歟아 宜乎後人之膜拜爭道也로다 然則天下之冒險思想이 從見聞閱歷而

生者오 非人之本有而本無也라 不見金剛雪嶽之人乎아 絶碉斷崖野人所匍匐戰慄ᄒᆞ

야 不敢輕行之處를 行之如飛ᄒᆞ야 莫或少疑ᄒᆞᄂᆞ니 何其冒險也오 無亦曰經歷而已라

遇事則不然ᄒᆞ야 雖奴隸之牛馬之라도 縮首如龜ᄒᆞ고 乞憐如蠅ᄒᆞ야 莫敢一抗이로다

噫라 世事ㅣ亦絶碉斷崖之類也어늘 勇於彼而刦於此者ᄂᆞᆫ 何也오 在經不經之別爾라

居窮處隱ᄒᆞ야 莫之見聞閱歷이면 何恠乎冒險思想之蔑如也리오 梁啓超ㅣ曰陸居者

ᄂᆞᆫ以懷土之故로 種々之繫累ㅣ生焉ᄒᆞᄂᆞ니 試一觀海ᄒᆞ면 忽覺超然萬累之表而行爲思

想이皆得無限自由라 久於海上者ᄂᆞᆫ 能使其精神으로 日以勇猛ᄒᆞ고 日以高尙ᄒᆞᄂᆞ니

此ᄂᆞᆫ 古來瀕海之民이 所以比於陸居者이 活氣較勝ᄒᆞ고 進取ㅣ較銳라ᄒᆞ니 以是觀之

ᄒᆞ면 陸居者之思想이 其遜於瀕海者ㅣ 如此온 况莫窮莫深ᄒᆞ야 天日之外에 更無所睹

之寺院乎아 此ᄂᆞᆫ 冒險思想之關於位置者ㅣ 一二也오

(丙) 無救世的思想이라 釋迦孔子耶蘇墨子ᄂᆞᆫ 皆救世之至者라 處於羣而不處於獨

ᄒᆞ고 巢父、 許由、 商山四皓、 嚴子陵은 皆厭世之至者라 處於山而不處於市ᄒᆞ니 獨

者는 救世者之所惡也오 山者는 厭世者之所好也니 自古然矣라 救世者之處羣而不處

獨은 何也오 欲周見世情之休戚호야 以救其弊也오 厭世者之處山而不處市는 何也오

欲不見塵事之苦樂호야 以過其情也라 夫赤子之匍匐入井也의 不擇親疎恩仇호고 皆

可以濟之호노니 其濟之之始에 未必盡知濟與否之得失而後에 濟之라 但對其境의 卒

有不已得於心者호야 莫知濟而自濟오 嫂溺이 皆可以援之호노니 其援之之始에 未必

盡知禮與援之輕重而後에 援之라 但對其境이 卒有不得已於心者호노니 其援之

라 夫心生於境호고 事生於心호노니 雖欲無心이나 對境則烏能無心이며 雖欲無行이

나 有心則烏能無行이리오 此所以君子ㅣ以擇地爲急也니 擇地者는 非擇其吉凶也라

擇其境而已라 古之隱者之所以膾炙人口者曰待時保節이니 此實厭世之徒ㅣ擇其境

而已어늘 美其名曰待時保節이라호노니 但英雄이 欺人耳라 若隱則隱於市ㅣ足矣니

何必隱而後始隱也리오 寺院之地가 皆適於厭世而不適於救世라 其境이 旣已厭世어

니 救世之心이 從何而生乎아 厭世之心이 寸進이오 佛敎之旨가 尺退호노니 可不勉哉아

此는 救世思想之關於位置者ㅣ三也오

(丁) 無競爭的思想이라 僧侶ㅣ元來自成世界外之世界와 人類外之人類호야 與他

社會로 劃然分爲鴻溝ᄒᆞ야 利害得失에 互相楚越ᄒᆞ야 遂成獨夫ᄒᆞ니 世界外之世界者

ᄂᆞᆫ何오 寺院이 是耳오 人類外之人類者ᄂᆞᆫ何오 不問世事ᄒᆞ고 自潔其身이 是耳라 前此

之政治風俗이 有非常之壓迫ᄒᆞ야 有不欲然而不得不然者ㅣ存焉則不可全咎僧侶라

雖然이ᄂᆞᆫ 向使僧侶로 雜處於都會之地ᄒᆞ야 漸通交涉於人羣이러늘 吾知其壓迫之羈

絆이 稍々解弛ᄒᆞ야 爭競之力이 猶有愈於今之死灰無復燃之氣若也리라 居於山之窮

谷之幽ᄒᆞ야 天地雖壞ᄂᆞᆫ 非所知也라 宗教相敵之鼓角이 動地ᄒᆞ되 佛教則

不足收也오 宗教陣疊之旗幟가 如林ᄒᆞ되 佛教則雖降旗ᄂᆞᆫ 不足竪也니 何故

以謂彼教之競爭이 雖曰劇烈이ᄂᆞᆫ 姑不犯我之疆土也ㅣ如故則其勝敗利鈍이於我에

如浮雲이라ᄒᆞ야 絶不知夫彼有勝敗利鈍之影響이 一々落於吾教라 今有兩物於此ᄒᆞ

야 一勝則一敗ᄂᆞᆫ 盡人知之니 然則他教盛則吾教衰ᄂᆞᆫ 其然이明甚이어늘

兵이 姑不我血其及으로 以爲無關이라ᄒᆞ면 是何以異於見城門之火ㅣ姑不然池而以

魚無殃이리오 惟見其不知量也로다 夫意思者ᄂᆞᆫ 行爲之要素니 所以造意思者ᄂᆞᆫ 不亦

要素之要素乎아 治無競爭思想之罪則不可不先治其所謂小天地오 血氣者ᄂᆞᆫ 疾病之

源泉이니 所以造血氣者ᄂᆞᆫ 不亦源泉之源泉乎아 治無競爭思想之病則不可不先治其

所謂小天地니此는競爭思想之關於位置者ㅣ四也라

此는位置ㅣ關於思想之可惜可驚者오其餘不利於敎育ᄒ

고不利於布敎ᄒ고不利於交涉ᄒ고不利於遞信ᄒ고不利於財政ᄒ

니此則不費多言而知之易者也니今不枚論ᄒ노라然則關思想者ㅣ四而關於事業者

ㅣ六이라此四想六事者ᄂ雖闕一이ᄂ固不勝其欠於今日이어ᄂᆯ無一存而有十無者

則吾ㅣ何以言之리오夫超然杳然ᄒ야孤往絕慮ᄒ고掃雲酌泉ᄒ며看花養性을余亦

非不好之也언만은但刧灰가善變ᄒ야成壞가無定이라桑田碧海가一朝易處ᄒ면漁

翁이放笑於岑上ᄒ고牧夫가失意於灘頭ᄒ리니爾時에吾輩ㅣ當何以處之며오求死

之外에復無計策이라惟是之懼ᄒ야不敢稱意也로라顧何如犧牲今日之閒放ᄒ야以

保來日之隆敎乎아狂瀾이旣倒ᄒ면有力難回라傳에曰色斯擧矣라ᄒ니라

然則寺院之位置ᄅᆯ可得以改㪫歟아曰有三策焉ᄒ니全部寺院之在山中者ᄅᆯ但存其

可爲紀念者幾處ᄒ고其餘ᄂ一幷毀撤ᄒ야新建於各郡各港之都會處면是爲上策이

오留其大而美者ᄒ고撤其小者與大而荒者ᄒ야移建於大都會之地면是爲中策이오

但廢其庵ᄒ야合於原寺ᄒ고一道或數郡之寺院이合置一出帳所於要害處ᄒ야處理

其布敎與敎育等事ㅣ면是爲下策이오其餘는非策也라此三者에果出於何策乎아上策則民智程途가姑文弱ᄒ니決不可行於今日이오中策則得其人則行ᄒ고不得其人則不行이오下策則庶幾可行이ㄴ至於全部一致ᄒ야는亦不可不待普通以上人之用事而後에可得이니僧侶中에有此人乎아無此人乎아有則吾ㅣ何以不見也며無則佛敎一何忍亡也리오吾ㅣ占之斷之曰青年童子之將爲英雄ᄒ며將爲豪傑ᄒ야先後繼踵ᄒ야殆不虛寺則斷言無疑로디若四十歲以上之人物이能自居於普通以上之地位則吾不肯許니謂余不信인디請人々自思어다然則雖下策이ㄴ亦在於必不可決之數니嗟夫로다雖然이ㄴ英雄이無種ᄒ고成敗가浮在ᄒ니天下事ㅣ決非吾人之所預度自定이라精進不已ᄒ면哥倫布ㅣ可以尋美洲오巴律西ㅣ可以完破器니不爲면無一可成之事오爲之면無一不可成之事라以是推之ᄒ면吾恐全部之僧侶가無一非英雄豪傑而所謂上策者를行之於今日而有餘也ㅣ가ᄒ노라

論佛家崇拜之塑繪

朝鮮佛家에塑繪之崇拜가甚多ᄒ야富於百家라議者ㅣ以爲塑繪者는迷信之假相이니莫若盡擧而付諸一炬ᄒ고廓淸寺院ᄒ야頓革黑暗時代之迷信ᄒ고培養眞理ᄒ야

改建佛教之新國이라ᄒᆞ니此言이一歟라然이ᄂᆞ此則病於人之智識이劣昧ᄒᆞ야不足以開迷迎新ᄒᆞ야務欲大刀濶斧로一擲卽闢故로言有一瀉千里之勢ᄒᆞ야無所顧忌ᄒᆞ야不肯留情이니非不快壯也ᄂᆞ恐或過當이라裁以一言ᄒᆞ야以俟智者ᄒᆞ노라

夫物者ᄂᆞ眞理之假相也오塑繪者ᄂᆞ物之假相也니自眞理觀之ᄒᆞ면塑繪가已假相之假相也어ᄂᆞᆯ此物之存在於天壤之間者ᅵ其來ᅵ久矣니玆曷故焉고夫人心이本靜ᄒᆞ야對境而動者也니苟非至智與至愚면對境而不動心者ᅵ未之有也라見喪而哀ᄒᆞ고聞生而喜ᄒᆞ며見賢思齊ᄒᆞ고見惡懲勵ᄒᆞᄂᆞ니此ᄂᆞ對境而動心也라心之所動에行亦隨之라古人이取象於此ᄒᆞ야惟懼人心之邪僻而不趨正故로設種々禮義之假相而警之ᄒᆞ니塑繪ᅵ亦其一也라使聖人君子之假相으로設之於堂而血食之ᄒᆞ야臨之以尊聖養賢之境ᄒᆞ고使忠臣義士之假相으로置之於麒麟閣而享香之ᄒᆞ야臨之以尙功崇節之境ᄒᆞ고使孝子烈婦之假相으로揭之於旌閭而褒揚之ᄒᆞ야臨之以昌善勵行之境ᄒᆞ니此ᄂᆞ一以表慕前之誼오一以設勸後之境也라懲一而勸百ᄒᆞ고賞一而勸萬은法律之道德이니設一假相之境而冀衆生之模範者ᄂᆞ塑繪之所由起也라故로塑繪者ᄂᆞ衆生之境也라噫라世之能言理想者ᅵ孰不以塑繪로爲虛妄無益也리오甚者ᄂᆞ以爲

非徒無益이라惑亂人志라호야冷嘲熱罵호斥之不已호니盖亦然矣라雖然이는誰

知此曖昧假相之影響於人之道德心者ㅣ有不可思議之功能也리오請以余之親歷者

로質之호리라余ㅣ幼時에嘗入孔子廟이有一儼然石像이正立堂中이어늘見其乾唇

露齒와腰大十圍호고油然思其上而述章堯舜文武호며下以垂詔萬世之功이不覺分

外敬仰호고又入關公廟호야 其棄顔美髯과堂々九尺호고忽然思其秉燭達夜之義

와斬顔文之信이神氣凜然호야一超欲邁라夫孔子之事는槪見於易、春秋、論語、而

關公之蹟이雜出於史乘이라前에讀書至孔子關公之事이非不敬仰而膜拜也로되其

善移我情者ㅣ猶覺淡緩이러니及見虛妄無類之一塊土石이其所感이若是其親切急

迫호니書與像이等是假像之境이어늘其動心之不同이逈殊者는何也오境有即接間

接之異ㄹ시心亦有即動間動之差라間接之境者는何오文이是이오卽接之境者는何

오像이是耳라文者는人而言事而記者故로曰間接이오像者는卽其人故로曰卽接이

니間接即接之別이雖吾心之假定이ㄴ所見之境이自不同則所定之心이亦不

得不不同而所受之感이亦不得不相殊也니塑繪之爲功을至是可見이라今之世에有

奇能異跡者를必銅若石而像之호느니皆此之類也라若使擧世之人으로一々至於至

智或至愚則已어니와不然이면塑繪之蹤影이不絕於地球者를斷言無疑라雖然이나

後世에民智가未開ᄒ야非其鬼而塑繪之ᄒ야淫祀而諂祭之ᄒ야以祈禍福ᄒ고妄聽

吉凶ᄒᄂ니於是乎弊亦滋矣라然則塑繪者는可擇而不可亂이오可簡而不可煩이라

朝鮮佛家之崇奉者ㅣ何其無擇而極煩也오敢以愚見으로略辨其可否ᄒ리라

(一) 羅漢獨聖者는以小乘之局見으로耽寂滅樂ᄒ야得小果而自足ᄒ고不肯入纏

度生故로爲佛所呵라圓覺經에曰成就百千萬阿羅漢辟支佛果가不如有人이聞此圓

覺無碍法門ᄒ고一剎那頃에隨順修習이라ᄒ시고又曰修獨覺者는永不成佛이라ᄒ

시니由是觀之ᄒ면羅漢獨聖者는實吾佛之罪人이오僧家之外道也라夫佛之或入地

獄ᄒ시며或入畜生ᄒ사受種種苦而無辭者는惟度生之故라一語一默一動一靜이盡

是利他之意어늘奈彼小乘이不體此意ᄒ고以小自樂ᄒ야不欲度他ᄒ니非但吾佛之

所呵라抑亦今之文明世界社會主義之所不容이라求佛道者ㅣ疎而遠之는可커니와

親近之는不可ᄒ고排而斥之는可커니와崇奉之는不可ᄒ니라

(二) 七星者는尤無稽而可笑者라星可像也니디在天之星辰이甚多ᄒ니奚特七星

니며以其如來之化現也니디乃至天地日月과森羅萬像이均是一體어늘何必七星이

리오 爲佛徒者ㅣ奉如來之眞像이足矣라 遠及化現이無乃太煩乎아

(三) 十王者는 閻羅國十位大王也라 能黜陟人之生死ᄒᆞ고 且審判人之罪業ᄒᆞ야 隨輕重而賞罰之라ᄒᆞ면 卽死人之裁判官也라 泛觀之則莫此畏나 深觀之則莫此不畏라 何也오 裁判官이 雖似爲懲治罪人而設이나 實則爲保護人而設也니 吾固無罪면 必受保護矣오 且裁判官은 深通法律ᄒᆞ야 詳細審査則服從其法律者ㅣ必無幸免撗懼之弊리니 何懼之有리오 且學佛者는 必往極樂ᄒᆞᄂᆞ니 元非閻羅國之附庸則 於閻王에 何有哉아 若不修淨業ᄒᆞ야 墮若地獄이면 生之死之가 自有當律이니 詔之何裨리오 寢假以詔以得免이라도 擧世界日々死人之數가 必多不少而無一不判決閻王이 固無暇出娑婆界ᄒᆞ야 察衆生之祈禱與否而受囑也리니 雖一日萬拜ㄴ들 竟何贖罪리오 金玉而像之ᄒᆞ고 丹靑而繪之ᄒᆞ야 五體投地而恭敬承事ᄒᆞ니 果胡爲者오

(四) 神衆者는 佛在靈山時에 所護衛之常隨衆也니 保護佛法이 實彼之責任이라 勸之而不加勉ᄒᆞ고 止禁之而不加止ᄒᆞ야 行爲動作이 唯佛之聽ᄒᆞ야 不能自由則又何可疑也오 佛法僧은 一轍이니 彼旣保護佛法이라 安有不護僧之理乎아 若不護僧이면 佛必貴之曰僧者는 行我法成我敎者也라 爾何不護오ᄒᆞ시리니 雖欲冷視ㄴ들 不可得也라

果爾則譬之컨디 僧侶는 似上官ㅎ고 神衆은 似保護巡查라 今有一上官於此ㅎ야

跪坐ㅎ야 叩頭乞憐於保護巡查則不笑其薇弱者ㅣ幾希矣리니 吾黨이 何不視此而亦

自視也오 今猶恐其後ㅎ야 屈身聽福於神衆者는 余不勝其倒置矣라 漢之人에 有賈誼

者ㅎ야 其言에 曰 足反居上이오 手顧居下라 倒懸이 如此ㅎ되 莫之能解라ㅎ니 嗟夫라

其餘天王竈王山神局師等은 荒虛誕陋ㅎ야 初無可言之價値라 今不屑々ㅎ노라 此皆

今日佛家崇奉塑繪中最曖昧而無當者라 嗚呼라 伊來朝鮮佛界之智識이 果若是其昧

陋歟아 始知莫逌於今日優勝劣敗之公例가 誠非一朝一夕之故而其來有自矣라 禍福

이 無門ㅎ야 惟人所招어늘 犧牲其滿身自由ㅎ야 婢膝奴顏於頑虛不靈之下ㅎ니 塑繪

之弊가 到此極矣라 誰能使滿天下之此等塑像으로 一炬而飛之ㅎ고 萬波而沈之ㅎ야

不復留於世間ㅎ야 還我佛教之眞理而無缺也오

難者ㅣ曰 迷信이 盡去ㅎ면 宗教之性質이 萎焉ㅎ리니 子欲以佛教로 爲哲學耶아 曰 子

一何其俗累也오 宗教之迷信云者는 乃惟一之迷信이오 非衆多之迷信이니 假使佛教

를 以迷信言之라도 迷信於佛而足矣라 烏得朝迷信於佛ㅎ고 暮迷信於羅漢ㅎ고 又迷

信七星ㅎ고 又迷信於十王ㅎ고 又迷信於神象ㅎ고 又迷信於天王竈王山神局師等而

無自足信也라오 此는 與畫出魍魎이 不知所之호야 之山而之水而之木而不堪其寢者로 同一樣子니 此非迷信이라 亦迷信之賊이라 旣非智信이오 又非迷信이면 果屬何信고 無以名之호야 名之曰亂信이니 亂信者는 無信之信也라 無往而不敗라 若目此而謂迷信인디 是는 迷信之多ㅣ 莫如朝鮮之佛敎오 若以迷信으로 爲宗敎之性質인디 是는 迷信이 愈多而宗敎愈興也라 然則朝鮮之佛敎ㅣ 有此莫多之迷信而尙不雲布世界호고 幾不能保其殘喘於山盡水窮之地호야 汲汲然殆有不可終日之勢者는 何也오 由是로 知朝鮮之僧侶는 雖迷信이나 并無也라 噫라 佛敎者는 過出迷信萬々之外호야 其理가 甚眞實高尙이어늘 豈亂信輩之所可望見也리오 亂信之具를 宜先改革이라 嗚呼라 毒蛇在手이 壯士斷腕호나니 況其毒이 浮於蛇호고 其斷이 易於腕者乎아 何憚而不變哉리오 亂信之具則然矣나 佛菩薩之塑繪는 皆可留歟아 佛菩薩之像은 皆留之無妨이나 此亦甚煩이오 且佛菩薩은 名則雖殊나 理則一也니 莫若擧一而統萬이라 若擧一而統萬則 其惟釋迦牟尼佛乎인저 夫釋迦牟尼佛은 上承諸佛호시고 下攝群品호시며 爲衆生호사 入地獄을 如傳舍호시고 閱後世호사 演說法을 如雲雨호시니 實千佛之代表오 萬世

之導師라後生이當金銀琉璃硨磲其像而紀念之膜拜之可也니無論何寺ᄒ고只

以釋迦像一位로奉安之ᄒ고極敬極肅ᄒ야毋或相瀆ᄒ며瞻其顏而思其事ᄒ고感其

情而施於行이니夫若是則雖假相之假相이ᄂ庶無愧於眞理矣리라且別置一大紀念

舘於別處ᄒ고自佛菩薩로至有奇事異聞於佛敎界者ᄂ莫論古今ᄒ고莫辨何國人ᄒ

고皆牌其位而列置舘中ᄒ고守護而享馨之ᄒ야以爲慕賢勸後之盛擧則庶不害於事

體리니此非祈福之謂也라但紀念之謂也라

一 論佛家之各種儀式

朝鮮僧家之百度가未擧ᄒ야無一可觀이라至若齋供儀式 梵唄四物,作法 與祭祀禮
　　　　　　　　　　　　　　　　　　　　　禮懺等其他　　　法

節等事 對靈、施食 ᄒ야ᄂ甚煩亂無倫ᄒ고卑劣駁雜ᄒ야固有紀極ᄒ니統而名之曰
　　等其他

魑魅之演劇이라ᄒ며庶幾近之ᄒ니今羞言之ᄒ야不足辨論이오其餘不時禮式 佛、朝夕
拜佛食誦,誦　　　　　　　　　　　　　　　　　　　　　　　　　　時供
呪等其他

而行之足矣니라　ᄃ莫不濟亂失眞ᄒ니無論大小如何禮式ᄒ고一切掃蕩ᄒ야立一簡禮

簡禮를何以爲之오各寺院에禮佛을每日一次ᄒ되趁時이執禮가打雲集鐘禮佛之五
　　　　　　　　　　　　　　　　　　　　　　　　　　　　　　　號

椎依舊어든僧侶及信徒가整裝齊進于佛堂釋迦像ᄒ야爇香行三頂禮後에齊唱讚佛
本　　　　　　　　　　　安置ᄒ야

歌曰別告　朝出을後

一遍而退而已라

或曰他則既已聞命矣ᄂ禮佛을一日一次ᄒ디但行三頂禮ᄒ고且廢已時供佛이면無乃太簡乎아曰不然ᄒ다夫禮煩則亂이라亂則不敬ᄒ고不敬則禮之本意가蕩如也라惟其禮之務本也故로喪禮ᄂ主哀ᄒ고祭禮ᄂ主敬ᄒ야其區々小節은出入이라도可也니與其煩而不敬으론孰若簡而敬이며與其昵而不肅으론孰若踈而敬이리오至尊之像은可敬而相肅이오不可親而相褻이니一日一禮가未必爲簡이라今佛像을無時對ᄒ야坐臥起居와飲食談笑에與之相接則勢不得不習而相昵ᄒ야以至於褻慢而無所不至也니正坐於親狎太近故耳라不如稍遠其拜觀之期ᄒ야使生其渴仰之心而後에從而禮之면其心이全而其敬이篤ᄒ리니然則一日一禮가猶覺其煩이라雖然이나太遠其期ᄒ면易致懈怠成忘ᄒ야難以提醒故ᄂ姑定之오三頂禮ᄂ實無傜於前者也라今之所爲禮懺이或二三十拜ᄒ며或八九十拜ᄂ其實을皆合數十百千或無量數之諸佛菩薩或法或僧而一拜者ᄂ三寶之數가甚多故로拜數가亦多禮懺者ᄂ朝鮮拜佛時에之別號라拜佛時에先唱佛、法、僧、三寶名號而後에拜之니라每拜如是ᄒ야多在八九十拜也라嗚呼라無始以來之佛、法、僧、三寶가其數無量ᄒ야固非衆生軀殼之所能拜而窮盡也라或二三十拜와或八九十拜而止ᄒ

면不亦太簡乎아今三拜於一世尊이比前이實多々矣로다三數者는簡煩之中故로故

로定之호노라且供佛은貴在法供이오不貴飯供이니日日供飯이면適足以相瀆而已

니廢之一有何不可리오但特別時 佛誕辰、成道日、涅槃日、時薦之類라 에供以珍潔之物호야以表衆生

之微誠則容或可也니라

或이又問曰齋供祭祀等事는何以爲之耶아曰齋供與祭祀가是俱祈福之事라福不可

以祈得이오且佛亦非禍福之主니祈之無補於獲福이오祭祀者는乃祖乃考之恩義未

絕이야爲子孫者ㅣ不勝追遠感時之懷而表其誠於獻需拜禮之間者라故로四世則親

盡無服호고祭亦不行호나니以其恩義淺薄故也라今張三李四之皮肉無關者ㅣ有何

恩義於僧侶호야歲々行祭而不知慚也오佛敎ㅣ以度他爲主故로僧侶之慈悲가欲使

人之靈魂으로往生淨土而祭之歟아然則何不天下之人을一々皆祭而但祭其納財者

乎아且祭而可往淨土ㅣ딘一祭而足이오祭而不可往인디萬祭而無益이어늘世々不

達祭는何也오余ㅣ知之矣로다無他라爲其餲飯殘羹之計耳라一飯一羹을雖捆屨織

席이ㄴ何患不得호야行此諂無人理之事而恌焉無悷호니悲夫로다齋供與祭祀之意

味가若是호니廢之可也라又問曰然則將不奉佛而僧侶는無祭祀歟아曰否라是非欲

人之不崇佛而幷其祖考先師之祭而廢之也라但廢其祈福安祭之事耳라此事가似小實大니改良이莫急이라今之言齋供節次와祭祀禮式者ㅣ欲去煩而就簡則有之나欲幷其齋供祭祀而廢之云者는呼於天下而不得一人이니盖安於習慣す야不究其本而但究其末則然矣라論事者ㅣ以正眼으로先置於習俗利害之外而觀之然後에按理點檢이며庶不大誤리라又問曰廢齋供與祭祀며寺院之財源이將渴而僧侶之生活이日縮矣리니然則佛教ㅣ果保哉아日呼라唯子之不知量也로다天下之宗教가甚多而無一不富盛於佛教者則果有齋供與祭祀而致此欤아以齋供祭祀之餘澌으로甘作保寺活命之大計者則此所以朝鮮佛教之不及於天下之他教也니子實之東而向西者로다何不更思回首오

論僧侶之克復人權이必自生利始

數百年來로僧侶ㅣ受非常之壓迫す야人幾不人す니遊衣遊食이亦一大原因이라遊衣遊食者는今經濟學家所謂分利是也니分利者는害於人す며害於國す며害於世界也라人之所以衣者는織也오所以食者는耕也니不織而衣則必衣人之織이오不耕而食則必食人之耕이니旣不織不耕而衣食於人則我亦辨他一物之價値가與我之所衣

所食者ᄂ 適足以相償者而相報然後에彼ᄂ 無感而全部之經濟가 無缺이리若有一人

이徒衣徒食ᄒ야 絕無相償이면是ᄂ 空費耕織者之幾分勞力而全部經濟가 欠一人之

力量ᄒ리니人羣勞力之增減과經濟之滿縮이必以分利人之多寡ᄅ爲比例差니分利

者ᄂ 生利之賊也라不得不受壓迫於生利者而無一辭自護者則亦理之常이라我不出

相當之價値而待養於人則是ᄂ 生存之權限이不在我而在人也니欲死則已어니와欲

生則人雖如何賤之蔑之라도皆甘心聽之ᄒ야惟以救一縷之苟連으로爲榮ᄒ리니奚

暇에保其自由ᄒ야免夫壓迫乎아

朝鮮之僧侶ᅵ孰敢保有不分利之名也리오自來生活上方法이槪有二道ᄒ니一曰欺

取生活이오二曰丐乞生活이니欺取生活者ᄂ 何오粗解文字ᄒ고稍近狡猾者ᅵ以禍

福布施等説로甘誘愚迷之婦女ᄒ야狗其行而狐其媚ᄒ야營作縷身糊口之計是也오

丐乞生活者ᄂ 何오全部大多數之所業이라門造而面拜ᄒ야求其一錢數粟之謂也니

此外ᄂ 無別生計라僧家에有一種奇談ᄒ니曰菩薩萬行이是耳라以爲菩薩萬行에ᄒ以

最善丐乞으로爲第一義라ᄒ야以乞食으로爲佛敎之宗旨ᄒ야人爭趨之ᄒ야惟恐後乞

ᄒ고若有從事於生利者면輒毀而訾之ᄒ야目以失志ᄒᄂ니噫라既云菩薩萬行則菩

薩之乞食이豈非萬分中之一耶아寔出於修道度生之至意方便이오固非徒事乞食ᄒᆞ

야以營身計어늘後人이一不問其菩薩之九千九百九十九行ᄒᆞ고但擇其一乞而行

之ᄒᆞ야勤守勿失ᄒᆞ니是何妙法歟아群數十百千乞乞之人ᄒᆞ야組織一教會ᄒᆞ고所謂

上流者는以欺取로爲能ᄒᆞ니雖欲人之無賤이ᄂᆞᆫ得乎아於是에擧國之人이視僧侶를

如牛馬ᄒᆞ며如奴隷ᄒᆞ야少不顧恤ᄒᆞ디僧侶ᄂᆞᆫ認以當然之天職ᄒᆞ야曾莫之恠ᄒᆞ고甚

者ᄂᆞᆫ以忍辱下心으로爲口頭禪ᄒᆞ야惟恐他人之輕侮가不及己也ᄒᆞ야愈賤而愈喜ᄒᆞ

ᄂᆞ니嗟夫라天賦人權이洪均不貳ᄒᆞ야盡地蒼生이無欠無多어늘此何人斯아自戕其

天良之權利가若是其極而無耻也오夫佛以大雄大力으로有天上天下에惟我獨存之

氣어늘其教徒果何學而正成反比例오其無血性이過矣로다此ᄂᆞᆫ無他라不能自活故

耳라苟待養於人이면雖欲不弱柳其身ᄒᆞ고風草其心이ᄂᆞᆫ不可得矣라思之哀長이로

다今日之世界가强半浮在於黄金競爭之力이라文明萬道가成於金力ᄒᆞ고成敗百端

이由於爭利ᄒᆞᄂᆞ니苟非生利면世界或壞ᄒᆞ고一國이或亡ᄒᆞ고個人이不立이니人之

有生利가猶魚之有水라若夫江河之積水甚厚則萬族이游泳ᄒᆞ야活潑自由ᄒᆞ야北海

南溟을早暮遇之어니와或涸轍之魚ᄂᆞᆫ不索於枯魚之肆者를未之聞也니人亦如是ᄒᆞ

야遊食遊衣者는取亡之道라文明國人이最疾ᄒᆞᄂᆞ니今後之社會가去益文明

은可以斷言이라若使全部僧侶로其不生利也ㅣ如故則人之視己ㅣ想何如乎아將有

無等之困瘁와無等之壓賤이猶甚於草昧時代專制之壓迫矣리니當是時ᄒᆞ야雖嚙臍

ᄂᆞ已無及矣리라吾輩ㅣ欲永脫前日之羈絆ᄒᆞ고克復固有之人權인디莫若生利而自

活이니去其受屈原因이면其誰能絲毫相凌哉아

今有人焉ᄒᆞ야責僧侶以生利則其防報之第一章에一曰無資本이오二曰不知方法이

니非不然矣라雲水行李와澹泊生涯도一不聞世外事ᄒᆞ고惟待天花滿身ᄒᆞ며香飯無

盡이라가不圖造物이相語가無情ᄒᆞ야忽然一朝에他天風雨와蕘地霹靂이動

來於夢想之表ᄒᆞ야喚起東方之文明ᄒᆞ니俯仰環顧에江山이不復春眠이라他化福樂

이化爲烏有ᄒᆞ니勢不得不無資本而不知方法이라雖然이ᄂᆞ是不足以爲患이라凡事

物之帶有價値之性質者는皆可爲資本者는必待勞力ᄒᆞᄂᆞ니經尺之玉이

과連抱之材가雖美且寶ᄂᆞ待良工之勞力而後에始成不世之器ᄒᆞ야售非常之價格이

라不用人之勞力ᄒᆞ야玉不離石ᄒᆞ고木不違山ᄒᆞ면永刧에不値一錢ᄒᆞ리니然則勞力

者는實資本之資本이오方法云者는動本殖利之設計也니無資本者는當先究辦資本

之方法而殖利之方法은正屬第二之問題也라辨資本之方法이亦勞力之外에苦無其道니勞力者는天然之資本이오最初之方法이라雖如何亘歎之資本과如何圓滿之方法이라도其濫觴은莫不出於舉手動足之區區勞力이니人界事物之組織이皆勞力之所產出者라此之勞力이與彼之勞力으로相對之外에初無一物이能比肩其價値者ᄒ니果何等資本이며何等方法乎아勞力者는人人이皆得自由오非有待而生者니今不欲勞力者는僧侶之惰怠而已니라

僧侶ㅣ苟欲生利ㄴ딕比於他人에其特色이有二ᄒ니一則在於天演界ᄒ고一則在於人事界라在於天演界者는何오山林이是耳니寺院之所有山林이甚多ᄒ야皆空閒無產ᄒ고或有所產之物이ㄴ棄而不治ᄒ야終歸荒廢ᄒ야爲識者所嘆이라傳에曰有土면此有財라ᄒ니以山林之多而束手待貧은甚不近理라宜着手造林業(果、茶、桑橡之類)ᄒ야探東西之美制ᄒ야氣候之寒暖과土質之剛柔를隨宜參酌ᄒ야力焉不怠면四五年에小成ᄒ고十餘年에大成ᄒ야利子可勝收ᄒ리니擲不多之費ᄒ야擢匪分之利者는造林也라在於人事界者는何오僧侶ㅣ每羣數十數百而同居一寺ᄒᄂ니其心志가易通ᄒ고其任事ㅣ易信ᄒ야共同營業(株式會社、合資、合名、等)이最適宜ᄒ니共同營業者는本商界

之良規라楚越之人이可以同事어든況聯其食同其鼎者乎아然則以上所言之二種特

色이皆他人之所無而我獨有之者也니豈不美哉아噫라衣內明珠가不能鮮備作之貧

則其孰使之然歟아

論佛敎之前道가關於僧尼嫁娶與否者

有問於余者曰佛敎何以將與고余ㅣ必曰解僧侶嫁娶之禁이亦一要事急務也라

難曰子ㅣ胡爲乎發此不經之言ㅎ야以汚佛戒也오梵網經에曰若佛子ㅣ自淫과敎人

淫과乃至一切女人을不得故淫이라ㅎ시고四分律에曰犯不淨行을乃至共畜生이라

도是比丘波羅尼不共住라ㅎ고受戒儀中沙彌十戒之第三曰不淫이오比丘四波羅尼

戒之第一曰不淨行戒오且戒淫之雜出於諸家者ㅣ指不勝屈則佛家之禁婚이果何等

申重乎아爲佛敎者ㅣ豈能肆行嫁娶ㅎ야墮損戒律也리오以謂嫁娶而與敎로無寧爲

嫁娶而亡敎니라日子言이似焉이라雖然이ㄴ不足以知華嚴經事々無碍之上乘也로

다夫高尚支虛ㅎ고深淵廣漠ㅎ며眞妄이無性ㅎ고功罪ㅣ本空ㅎ야無處不入ㅎ고無

事不容之佛敎가豈在於區々戒律之間哉아求佛敎於戒律者는實釣龍於盂水오探虎

於蟻垤이라鳥可得也리오果嫁娶而不成佛道ㅣ딘何故오過去七佛이無佛無子ㅎ고

恒沙菩薩이 多出在家오 但對小乘之根機淺薄하야 流於欲樂而難回者故ᄅ 權設細律

而制限之라 夫佛敎者는 若實若虛하고 若縱若奪하며 若王若覇을고 若天地若毫末하

야 不可名狀이오 不可一端이라 其微言至意로 應病與藥하야 幷儚人으로 欲隨緣入道

而己니 平心循理하야 先尋宗旨則思過半矣라 迥乎漠哉ㄴ져 井蛙가 豈聞江湖之相忘

이며 枝鷦가 安知雲霄之圖南이리오 圓敎는 非律宗之敢望이니 但有味乎秋月空山과

春水大海則佛法이 在是하니라

傳에 曰處今之世하야 反古之道면 葘必逮夫身이라하니 今日之舞臺는 非前日之道場

이라 非改着長袖면 不能登塲善舞라 五千退席이 一時盡去則世尊이 不得不先說阿含

方等而導之오 淫男이 難化則觀音이 不得不化美人而度之니 此皆應時隨機也라 雖使

嫁娶로 遠於戒律而難行이라도 當以嫁娶로 利於佛敎之時機則權行嫁娶하야 適時順

機라가 更待不嫁娶利於佛敎之時後에 還收而復舊하면 其誰曰不可리오 且嫁娶之禁

이 不適於世道乎아 請論其所以不適之理하리라

（一）害於倫理라 聞人之爲罪가 不孝ㅣ爲大而無後ㅣ尤大니 以其絶祀斷裔也라 我之

一身이 已與前此千百世之祖先과 後此千百世之血胤으로 無復相續則罪何容貸리오

無嫁無娶而罪陷不測이라此意則人多言之호야古文今文에皆有호니不必畋々라

(二)害於國家라現今種族主義가盛行於地球호야殖民殖民之說이足以當政治家半

面之口호야生產之術과衛生之學이日明之而日不足焉이라夫國者는以人組織者故

로文明國이撼許婚姻之自由호야人口之驟增이有非常之速率而進化之易가如火之

燎于原耳라嫁娶之事ㅣ寧有已也리오泰西之良政治家가一聞僧侶禁婚之事則其誰

能不失驚生悲호야咄々悱事也리오及今不解면後必爲法律之所限호야雖欲不解ㄴ

不可得也리라

(三)害於布敎라使僧侶로禁嫁娶乎아使佛敎로將布於世界乎아夫世界萬類之無始

而至今호고長此而無終호야相續不斷호야曾不壞空者ㅣ果有一物이能一生不死而

通過者乎아曰無有라大椿彭祖는以壽로鳴於世者也라若者以八千歲로爲春호고若

者以五百歲로爲秋호며朝菌蜉蝣는以夭로鳴於世者也니若者不知晦朝호고若者不知

朝暮호느니此는壽夭之兩端也라其餘萬物生死之期는皆可定於此兩端之間而差有

早晚耳니然則死々而過去호고生死々而現在호고生死々而未來也라三世者는顧生死之

時間而已니一死而不一生이면安知不百年에不復見靜者勤者於覆載之間也리오今

使佛教로布於天下而皆蹈戒律ㅎ야禁嫁娶無生産이면孰肯入於佛教而踐此戒也리

오且入佛而反入俗者ㅣ無寺無之ㅎ야殆不虛日ㅎ니玆曷故焉고其原因이非不有異

ㄴ多大部分則在嫁娶而已라於是焉布教之點이一曝十寒ㅎ니將以何術而能救之乎

아若是不已면佛教ㅣ實難見保라夫佛教ㄴ如春ㅎ야好生而惡死ㅎ며好人道而惡惡

道ㅎㄴ니焉有大聖之教ㅣ不保人種而可爲也리오嫁娶之禁이不解면雖蘇張之口라

도必失其辯而無益於布教也리라

(四)害於風化라世人之有欲樂이萬道ㄴ通智愚賢不肖而共有者ㄴ食色之心也오一

人之欲樂이有萬道ㄴ居喜怒哀樂이幷有者ㄴ食色之欲也니寄色身於塵界而無食色

之欲云者ㄴ空言而已오諂言而已라烏足以實踐哉아但不及於亂則君子也라盡大下

之人而皆爲君子ㄴ實至難之事니故로食色之欲이失度ㅎ야至於高潮則視一縷를如

鴻毛而無悔也라噫라倒瀉之水ㄴ愈防而愈缺ㅎ고奔逸之馬ㄴ愈御而愈橫이라食色

之欲은愈抑而愈甚ㅎㄴ니此ㄴ普通人之常情이라天下에普通以下之人이爲多어늘

以戒律之故로强抑其慾ㅎ야欲使人으로永絶其行樂之蹤影이ㄴ得乎아寢假以强抑

之라도形式而已오名義而已라且經冬之蝶은愛花成病ㅎ고出谷之鶯으繫柳奪狂ㅎ

ㄴ니此ㄴ久屈欲伸之意正盛故也라 情慾이受屈ㅎ면心馳千里라 包臟之士와涉溱之女가自古之ㅎㄴ니 苟若是則傷風敗俗과喪志蔑槪가尤甚於此리오 回憶高麗末年以後之佛敎史이以僧侶之淫事로汚損佛敎之全體者ㅣ顧多々矣라 嫁娶之禁이其有關風化가若其著也니라

果如上言이면嫁娶之不可禁이誠矣라 雖然이ㄴ余ㅣ非欲無視佛戒ㅎ야盡驅全部之僧侶而入於淫戒也라 但欲聽其自由也라 何以故오 古之人에有吉朋、謙模、柏格兒者ㅎㄴ니終身不娶妻ㅎ야以史學으로爲妻ㅎ고 有笛卡兒巴士卡爾斯賓那沙、藿布士、斯賓塞、陸克、盧校、邊泌、康德者ㅎㄴ니終身不娶妻ㅎ야以哲學으로爲妻ㅎ고 有奈端、斯密亞丹者ㅎㄴ니終身不娶妻ㅎ야以科學으로爲妻ㅎ고 有福祿特爾、格黎者ㅎㄴ니終身不娶妻ㅎ야以文學으로爲妻ㅎ고 有維廉體特、校馬者ㅎㄴ니終身不娶妻ㅎ야以政治로爲妻ㅎ고 有加富爾者ㅎㄴ니終身不娶妻ㅎ야以伊太利로爲妻ㅎ니 此ㅣ皆有奪天地泣鬼神之智略과絶千古開萬世之事業者로ㄷ 皆不娶妻則不知僧侶ㅣ以佛敎로爲妻而終身不娶妻乎아 果則余何不頂戴之膜拜之ㅎ며夢想之謳歌之ㅎ야以冀不娶妻也리오 古之佛에有毘婆尸佛ㅎ야不嘗娶妻而有子一人ㅎ니名曰方膺이오 有尸棄佛ㅎ야

嘗娶妻而有子一人하니 名曰無量이오 有毗舍浮佛하야 嘗娶妻而有子一人하니 名曰

妙覺이오 有拘留孫佛하야 嘗娶妻而有子一人하니 名曰拘那含牟尼佛하

야 嘗娶妻而有子一人하니 名曰迦葉佛하야 嘗娶妻而有子一人하니 名曰進

軍이오 有釋迦牟尼佛하야 嘗娶妻而有子一人하니 名曰羅睺羅니 此皆千佛之祖宗이니

오 萬法之源泉이로디 皆娶妻生子則不知僧侶亦有能心諸佛之心하고 事諸佛之事而

娶妻生子乎아 果則余ㅣ何不頂戴之膜拜之하며 夢想之謳歌之하야 以冀娶妻也리오

嗚呼라 比干은 以死爲忠하고 箕子는 以生爲仁하며 敗智伯之軍則以水爲計하고 攻赤

壁之魏 則以火爲功하니 夫生死水火者는 反對之兩極倪어늘 行之無相矛盾者는 以其

各用得其宜也라 然則古人은 禁戒而崇佛하고 今人은 解戒而崇佛이면 亦何傷焉이리

오 但時中而已라 愼夫佛敎之替而大呼疾聲호디 人不我聽故로 欲借政治之力而行之

하야 前後鳴全願于政府者ㅣ凡二次라 書其全文於下하야 以供一覽하노라

中樞院獻議書

伏以人界之事、莫善於變、莫不善於不變、一定而不知變、人物之存在於天地之間

者、不復睹於今日、天地善變、萬物生焉、萬物善變、生々不盡、生々不盡而善變焉

則其進化之妙、日繁一日、雖欲窮盡其數、上等之算、百年之壽、已不勝其任、變與

不變之比例如是、故天下之人貴變焉、有變千載之案者、有日月

變者、其變期之脩短雖殊、驅入於進化之域則一也、故變者進化之不二法門、不變

何爲、今日之可變者何限、但以與已有密接關係者而陳言之、幸須察焉、竊惟僧尼

之自禁嫁娶生産、實數千年不易之案、何其蔽歟、是有關於國計者不少、則不宜一

任自裁、無所過問也、現今世界問題之大者、不一而足、首屈一指、則不可不以殖民

當之、惟我全國僧侶之現數、槩爲五六千、後日之增加、亦未可知、一任前制而不之

反、有損於殖民界者、有不可勝言者、此智力水平線以上之所日夕懼然者矣、安在

其不圖改良也、且佛教弘圓、無事可禁、但以淺根衆生故假設方便、後人不知、誤

作金言、沈面濡首、不能更進一步、嗚呼自此以往、佛教之影響於衆生界者亦已遠

矣、數千年之僧侶、不敢置一言於其間者則又可悲也、若使佛教、絕跡於天下而無

憾焉則已、苟若不然、僧侶當任作嫁娶生産、擴張其範圍、樹旗於宗教競爭之陣、

壘、不亦保敎之大計乎、嫁娶之禁一變、公而殖民、私而保敎、無適而不宜、何憚而不

變哉、此等禁戒、初非法律所係、則自禁自解、靡所不可、但千年積習、一朝難改、

異議百出、互相疑懼、有志未達、抑有年所、日暮道遠、少不宜緩、故致陳愚言、幸

加三思、若使此言、無補於進化之今日、固不容論、少有可採、幸提出閣議、布令天

下、僧尼嫁娶與否、任作自由、無碍進化、公私幸甚、

隆熙四年三月　　　日

中樞院議長金允植

　　統監府建白書

　　　　　閣下

伏以僧侶嫁娶之禁以佛戒、其來久矣、而不適於百度維新之今日則勿論、若使僧

侶、一禁嫁娶而不知解、其於政治的殖民、道德的生理、宗教的布教、有百害而無

一利、此則盡人能言、不必條晳、不寧惟是、衆以佛教言之、其深淵之眞理、廣大之

範圍、實非嫁娶與否之所能損益、但佛欲眾生之轉迷爲悟、改惡作善、而眾生根器

若面、無從一道而導之、則勢不得不集天下送情絶慾之事而演說之、以冀其各從

所好而利導也、然則佛戒之禁婚、固方便之一道、佛教之究竟則邈哉、解亦何傷、

且男女之慾、智愚共有、若終身禁婚、因禁而生弊、弊復滋矣、良以朝鮮之僧侶、非

不知解禁之爲愈、但一朝之言、不能關千年之習、滿心疑懼、薄歲蹞躇、以冀朝令

之解禁、故今三月擧實請願于前韓國中樞院矣、尙無如何措處、僧侶之疑懼轉深

入俗日多、傳道日縮、孰若速解禁婚而保教也、使多數之僧侶、轉作嫁娶生產、其

影響於政治、道德、宗教界者、顧不多々乎、用是之故、玆敢冒陳、洞亮後、僧侶嫁

娶解禁事、特以府令頒布、一闢千年之習、俾成不世之蹟、政莫新焉、此事雖小實

大、幸速圖焉、無任祈懇之至、

明治四十三年九月　　　日

統監子爵寺內正毅

　　　殿

論寺院住職選擧法

住職者는何오統治一寺之庶務者也니其人이得則其事ー擧호고其人이失則其事ー

萎호느니一寺之汚隆이係焉이라其責任이非輕호니安得不講選擧法也리오

住職이自來로無選擧之例라無選擧之例則住職을何以爲之오余ー無以名之호야强

名之爲三호니一曰輪回住職이오二曰依賴住職이오三曰武斷住職이라何爲輪回住

職고一寺所居之僧이無論智愚賢不肖호고或以年次호며或以臘次（僧臘）호며或以戶次

호야逐歲鱗次호야莫或敢漏호고尸素其位ー是也니此法은寺刹之稍大者에行之호

고何謂依賴住職고或付囑於行政官ᄒᆞᄆᆞ 或行賂於土豪勢力家ᄒ야狐假虎威ᄒ야凌

駕他人ᄒ고勒奪其位ᄒ야擇其寺之肥者而食之ᄒ고肥盡吐棄ㅣ是也니此法은孤庵

獨寺에行之ᄒ고何爲武斷住職고不由衆論ᄒ고不假依賴ᄒ야自行自止ㅣ是也니質

而言之ᄒ면專以腕力强暴로弱肉强食之謂也니此法이亦孤庵獨寺에行之라依賴與

武斷이實一心而兩技者니可以依賴則依賴ᄒ고可以武斷則武斷ᄒ야因其勢而利用

之ᄒ야達彼肥己之目的而已라嗚呼라住職者는一寺之代表也어늘其任之道ㅣ若

是無理ᄒ니不亡爾衰者ㅣ幾希矣라此等惡習이必有所以然之原因ᄒ니其原因이誰

乎아大率僧規不立之所招也라僧規之不立이不一而單言住職之弊則一曰無統一故

오二曰無俸給故라既無統一則此寺與彼寺가毫無關係ᄒ야視興亡을相如奏越之肥

瘠ᄒ니野心壑欲之輩가無所顧忌ᄒ고流涎寺財에慾火焚身ᄒ야百方染指則依賴武

斷之所由起也오寺院之稍大者則其消財方法이遠非獨斷者之所無饜吞下也라然則

既無染指之物ᄒ고且無俸給以酬其勞ᄒ니孰肯欲虛費一年或數年之心力於無沾漑

之寺務也리오是以로相讓相推ᄒ야住職之位置가轉作虜芮之間田ᄒ야無人可拾ᄒ

니若是乎人不念防水治源之道ᄒ고反作藥還成病之計ᄒ야出於至拙之策者則輪回

之法이是耳라思之호면多恨호야無寧無言이라

其救之之術이奈何오隨其寺院之大小와事務之煩簡호야各定月俸호고其選擧法은

依投票三點擧二之例호고孤庵獨寺則自管轄寺로亦行投票호면一々皆得其人이無

憾焉則難必之事는必擇其當寺內比較的優勝之人은無可疑也니回頭前日에其得失

이何如也오

論僧侶之團體

聚一點火호야可以鑠金石이오合一末毫호야可以引千鈞이니無他라團體之故也라

夫金石은物之剛而千鈞은重之大者也라視火之一點과毫之一末之時에其孰不曰不

可鑠而不可引也리오만은一朝에積而團體則其力이有不可思議之增長호야閼鑠之

而易引之호느니一點之火와一末之毫는物之無情而至微者로디團體之力이若是可

驚이온況莫形莫智之人團體之力이其何成而不成이며何敗而不敗리오若不肯團體

며火終歸於冷灰호고毫終歸於纖塵호며人終歸於無成이니奇哉라團體也여怪哉라

不團體也여

今有志於佛敎維新者ー勤勤曰僧侶之最缺乏者ー團體思想이라호니果然否아果則

余ㅣ不勝皇々而懼ᄒ고明々而悲ᄒ야爲佛教憂而爲吾黨恨也로라天下에無不團體

而成者ᄒ니有一人之團體ᄒ고有衆人之團體라一人之團體者ᄂ何오合無數小個體

而成一人ᄒ니耳目口鼻手足心力等이皆小個體라個體不團이면無一事可成而人或

麻木不仁矣리라爲長者拆技ᄂ一人之事라心以記之ᄒ며目以看之ᄒ며足以往之ᄒ

며手以執之ᄒ며力以動之然後에枝乃折ᄒᄂ니此ᄂ團心目手足力五個體而成折枝

之功者오對人言語ᄂ一人之事라智以辨之ᄒ며唇齒而音之ᄒ며舌以屈折之然後에

語乃成ᄒᄂ니此ᄂ團唇齒舌四個體而成言語之功者니以此推之ᄒ면莫不皆然이

라今有衆人於此ᄒ야共辦之事ᄂ似折枝等ᄒ니不團心目等而無成折枝等事ᄂ旣已

知之라獨不團衆人之心而所辦之事ㅣ成乎아否乎아其不成言奚俟論也리오事非一

個人能力所可堪任者則不得不聚衆人爲一羣ᄒ야相謀而同濟也라輪舶航海ᄂ衆人

之事也라有開航路者ᄒ며有運機械者ᄒ며有掌警號者ᄒ며有治薪水者ᄒ야所責이

不同이ᄂ其目的則等是彼岸이오合資會社ᄂ衆人之事也라有興工場者ᄒ며有數鐵

路者ᄒ며有貿絲粟者ᄒ야所向이不同이ᄂ其目的則等是圖利라假

使群百人而共圖一事이成則百人이共享其利ᄒ고敗則百人이共被其害ᄒᄂ니然則

百人所出之力이均一然後에事可成而利可享이라有一人이不出力則全部ㅣ少一人之力量호야事終不成호고利終難得이라故로處於羣而不欲團體者는自賊其身也己로다

衆人團體가可別二種호니曰形團體오曰心團體니形團體者는何오市人之團體ㅣ是也라集數千人於一市之內이非不林々一羣也언만은若有數十人이持挺與刃호고突如其來호야攫奪財實이無人敢敵而少焉看之則人影이遂絕於擧市之內호고玉帛金粟을狼藉委置호야任手縱奪호야擇其美而取之無問也호느니財實者는人之最愛也라以數千人之多로奪其最愛之財於數十人之手호디無術而可救者는無他라其力이不團故也라心團體者는何오無所不團之團體ㅣ是也니心團則楚越이可以兄弟오千里可以接膝이며可以共生死오可以同水火니故로智者는貴心體之團而形團則無與焉이라今僧侶則反是호야羣居於一寺則形莫團焉이느心團則未嘗聞焉이라若有一人이欲辨事이不論其事之可否와理之得失호고互相猜疑호며互相排斥호야事出於東而謗起於西호고議合於朝而趣異於暮호야犬牙支吾호야一不相成호니甚矣라不團則己어늘何故는反相害며旁觀則足이어늘何故로反相妒乎아梁任公이先我作個觀

者文ᄒ니 實朝鮮僧侶現像之寫眞也라 但取其要而撮畧之ᄒ야 以爲吾輩之棒喝也ᄒ노라

天下에 最可厭可憎可鄙之人이 莫過於旁觀者라 旁觀者ᄂ 常立於客位ᄒ야 對事袖手之謂也니 實人類之蝥賊이오 世界之仇敵也라 旁觀者ᅵ 別有六派ᄒ니

一曰渾沌派니 瞢然無知人事之如何ᄒ고 飢則食ᄒ고 困則睡ᄒ야 生死興亡이 初不入覺ᄒᄂ니 譬之游魚가 居將沸之鼎ᄒ야 猶誤爲水暖之春江ᄒ고 巢燕이 處半火之堂ᄒ야 猶疑爲照屋之出日이라 彼等之生也ᅵ 如以機械製成者ᅵ 能運動而不能知覺者ᄒ야 雖爲旁觀者ᄂ 曾不自知其爲旁觀者니 實旁觀派中之天民也라 此ᄂ 僧侶中蠕蠕無識者ᅵ 是也니 僧侶全部十分之九ᄂ 皆居於此派之大隊也라

二曰爲我派니 俗語所謂遇雷打ᄒ되 尙按住包荷者也라 非不知事之當辦也ᄂ 然이ᄂ 以爲辦此事無益於我ᄒ고 我ᅵ 豈肯喫苦冒險ᄒ야 不作旁觀之無事리오ᄒ야 譬如齒以唇亡으로 謂無關ᄒ고 兎以狐死로 爲不悲也니 實愚之至者也라

僧侶中에 所謂守分操身者與治産之守錢虜ᅵ 皆屬此派라

三曰嗚呼派니 彼輩ᅵ 以咨嗟太息과 痛哭流涕로 爲獨一無二之事業者也라 其面에 常

有憂事之容ㅎ고其口에不少哀時之語ᄂ告之以事之當辦則彼則曰誠當也ᄂ奈無從

辦起에何오ㅎ며告之以時之危亡則彼則曰誠危也ᄂ奈無所救에何오ㅎ야再窮詰之

則彼則曰時運而已오天心而已라ㅎ야束手無奈ㅎᄂ니如見火之起ㅎ고不務撲滅而

太息於火勢之熾炎ㅎ며如見人之溺ㅎ고不思拯援而痛恨於波濤之澎湃ㅎ야以時務

로爲詩料談資而着手則未著也라僧侶中에有情而無智ㅎ고有智而無勇者ㅣ當之라

嗚呼라雖此派ᄂ有幾人乎아

四曰笑罵派니此派ᄂ常立於人之背後ㅎ야以冷言熱語로批評人者니彼輩ㅣ不徒自

爲旁觀者라又欲逼人ㅎ야使不得不旁觀守舊ㅎ고又罵維新ㅎ며旣罵小人

ㅎ고又罵君子ㅎ며對老輩則罵其暮氣已深ㅎ고對青年則罵其躁進喜事ㅎ며事之成

也則曰竪子成名이라ㅎ고事之敗也則曰吾早料及이라ㅎ며不寧唯是라將成之事ᄂ

必以笑罵로沮之ㅎ고已成之事ᄂ必以笑罵로敗之ㅎᄂ니彼輩者ᄂ世界之陰人也라

譬之孤舟遇風於大洋也이彼輩ㅣ罵風罵波罵大洋罵孤舟ㅎ며乃至遍罵同舟之人ㅎ

고若問此船이當以何術로可達彼岸乎아ㅎ면彼等이瞠然無對也ㅎᄂ니何也오彼輩

一笑罵之外에本無計策故로藉旁觀以行笑罵라가失旁觀之地位則幷與笑罵而俱失

也라僧侶中에一無所知호고自以爲知者가勝己者를厭호고不如己者를忽호야

彼旣不能辦事호고亦欲使人으로不能辦事호야人或辦事則遂生缺憾而笑罵之호는

니夫何不念人一能之어든已十能之호고人十能之어든已百之호야自居於人之上之道

而反空發妄妬호야徒以笑罵로欲强敗他人而同入敗亡호느니果何等心腸고

五曰暴棄派니暴棄派者는以我로爲無可爲之人호야常望人而不望己호느니如望政於

食肉者호며望道於聖人호야癸復推於英雄者之類니甲推於乙호고乙推於丙호야如是

轉推至於癸호야癸復推於甲호면相推而互消호야終無一不推者오寢假而甲推於乙

이乙不推而自辦之라도甲之責任이果安在乎아譬之欲不食而使善飯者로爲我代食

호고欲不寢而使善睡者로爲我代寢호면能乎아否乎아我雖至愚나不肯느니旣爲人矣라

卽爲人類之一分子니豈可暴棄호야以喪人類之資格乎아暴棄者는實人道之罪人也

라僧侶中에高推聖境者與斷見外道가實此派之主人翁也니라

六曰待時派니此派者는有旁觀之實而不自居其名者也라夫待之云者는得不得을未

可必之辭也니吾ㅣ待至可以辦事之時然後에辦之니若終無時則是는終不辦也오

且必如何然後에爲可以辦事之時가豈有定形哉아辦事者는無時而非可辦之時오不

辦事者ᄂᆞᆫ 無時而非不可辦之時라 故로 有志之士ᄂᆞᆫ 惟造時勢而已오 未聞有待時勢者

也라 待時云者ᄂᆞᆫ 欲覘風潮之所向而從旁得拾其餘利ᄒᆞ야 向於東則隨之東ᄒᆞ고 向於

西則隨之西者ᄂᆞ니 是ᄂᆞᆫ 鄉愿之本色而觷觀派之最巧者也라 僧侶中에 曰天命이라 曰自

然之理라 曰聖力이라ᄒᆞ야 高唫時來風送蓀王閣ᄒᆞ고 運去雷轟薦福碑之詩

者ㅣ 皆此派之眷屬也ᄂᆞ니라

若是乎 以上六派를 吾黨之僧侶ㅣ 盡分而任之ᄒᆞ야 無一可棄者오 甚者ᄂᆞᆫ 衆此數者而

有之ᄒᆞ니 然則全部僧侶가 無一不旁觀者라 事從何處辦乎아 嗚乎라 其誰曰朝鮮之僧

侶ㅣ 無團體心也리오 觷觀派ㅣ 出이 風聲鶴唳ᄒᆞ야 從者如雲ᄒᆞ니 其團體於觷觀者ㅣ

顧若是也로다 吾輩ㅣ 父母之恩이 甚多ᄒᆞ고 佛恩이 甚多ᄒᆞ고 衆生之恩이 甚多어ᄂᆞᆯ 有

一可報者乎아 割愛謝親而出家則父母之恩을 非徒不報라 反添難贖之罪오 余本蕩子라 中歲에

先父見背ᄒᆞ시고 事偏母至不孝러니 去乙巳에 入山ᄒᆞ야 轉支離漂泊於內地外國ᄒᆞ야

遂絕不通家音이러니 去年에 路過鄉人ᄒᆞ야 傳母裏이 經三霜ᄒᆞ니 從此로 抱終古不盡

之恨而成窮天有餘之罪라 至今思之에 愧怍難容ᄒᆞ야 徃徃無人世志ᄒᆞ니 著者

不覺臆塞而戰慄也라 敢告天下ᄒᆞ야 以俟罪至라 　著者　記　秉筆至此이

不體佛旨ᄒᆞ야 孤負四恩ᄒᆞ고 無爲無成ᄒᆞ야 使教衰頹ᄒᆞ니 是ᄂᆞᆫ 莫報佛恩也오 不唨而

食ᄒᆞ고 不織而衣ᄒᆞ야 空喫許多生受ᄒᆞ고 利他則闕如ᄒᆞ니 是ᄂᆞᆫ 莫報衆生之恩也라 苦

是而徒死면往極樂乎아往地獄乎아吾知其地獄之官이必掃榻而待矣라事去이不復
倒推니莫如悔往戒來라當大聲疾呼하고同心戮力하야使旁觀之團體로移於辦事之
地하야期圖國利民福之事면可不負吾佛度生之義而庶贖前日之罪之萬一矣리라遂

論寺院統轄

觀於佛教家이無一事能齊整者하야禮式이相異하고規模가相異하야寺々相異하고
人々相異하고日々相異하고歲々相異하니何其相異而無倪也오余一聞之하니徒變
異而無變異之條理者는猶治絲而棼之也라未有能變者니故로善變者는萬變이雖殊
하나其鵠則一也라譬如良將이指揮萬軍하야飜雲覆雨하고出正入奇하야無有常變
호디最後一點은自有定算이라果若是면何患變異之無倪也리오雖然이나佛家之變
異는異是하야變異與不變異가初無心算하야偶然而變하며卒然而異하야居於變異
而亦自不知其變異者也니豈應無所住而生其心者歟아抑應無所心而生其住者歟아
甚矣라相異也어此는無他라無統轄故니無統轄故로無一定之指揮하고無一定之指
揮故로各自指揮而相異也라相異則亂하고不團하고不團則無一成이라欲辦
佛教ㄴ디莫若統轄이라

余ㅣ思夫統轄之故로厥有兩端하니 一曰渾合統轄이오 二曰區分統轄이니 渾合統轄
者는何오 使全部佛敎로 皆入於一統範圍之內ㅣ 是也오 區分統轄者는何오 全部內에
分二個以上之部하야 分割統治ㅣ是也라 此兩者ㅣ必勢不兩立이니 奚取奚舍리오 渾
合與區分이 互有得失하니 槪陳於左하노라

渾合統轄

得(一)人與財ㅣ專注一處則於辦事에有力
(二)每有行事이 全部가 易爲一致하야 無彼此過不及之差
(三)無相對峙則無彼此傾軋之弊

區分統轄

得(一)民智未開之社會는好離而惡合하며 相助之心은少하고相勝之心이多하야 甲
乙이相對이 馴嫉妬競爭하나니 嫉妬競爭이雖非美事나 其於辦事進步則大有
效焉
(二)彼此相牽引相忌憚하야不能擅行惡弊
(三)議會、交涉等事가必簡便易就

此と渾合與區分得失之大概也라得合者と失於區分호고得於區分者と失於渾合호

느니比準可知라然則何取於此兩者오以大體論之則天下事가貴合不貴分이니渾合

統轄之當行이無俟更論이라然이느朝鮮에自有佛教以來로散漫不收호야初不知統

轄之爲何物이니孰能改悟호야以成一團也리오苟欲混合이면勢必有東補西闕호고

此防彼決之弊오且僧侶中人物이姑無能任統轄之資格호고各寺之智識이未開호야

公德之心이闕如則卒難亟行渾合統轄이오欲行區分統轄則且恐徒添分離호야漸成

瓜分豆裂之勢니二者無奈何에徘徊勢將暮라此實如我輩不俱慧眼者之所難分也라

嗚呼라以一人而掀撼全歐之宗教者と誰歟아曰馬丁路得이是耳라以視全歐之眼光

으로欲察朝鮮之佛教則其至小之難見也ㅣ非著顯微鏡이면不可리라夫若是其小而

余於統轄之故에不得其術호니可笑로다

結論

有其心而不發於外者ㅣ有之乎아曰無有哉ㄴ져不行於事則必發於言호고不發於言

則必顯於色호느니安有有其內而無其外者也리오事有行於物之別호니不發於

我者と我固行之어니와行於物者と我欲行之而不能行者存焉이라何也오所以行之

源은在我而所以行之被則在物故로物固不欲我被則我之源이停矣리니我所行之心則必不以物之不欲被로隨而永息也니物之不欲被之心이愈毒而我之欲行之心이愈熱하나니夫愈熱則不平하고不平則鳴之而人猶不聽則不得不繼之而大聲疾呼於天下也니余之已上所噪之區々數萬言이亦效此也라盖不欲言而自言者니豈有私焉이리오然則此論이皆善乎아皆不善乎아善與不善이非余之所敢知也라然則此言이皆行乎아不行乎아行與不行이非余之所敢知也라雖然이나但我之心이如是故로如心而言이오我之義務가如是故로如義務而行이니其餘는非徒不敢知也라雖然이나更有一言而相贈吾黨者하니此論이少有可探어든依言而吾黨與吾共行之하고此論이全無可探어든永棄之하고亦不別思可行之策而行之면是는非余之祈冀於吾黨者也라吾黨이與佛敎로因緣이甚重하고與衆生으로因緣이甚重하고與無量世界와無量永劫으로因緣이甚重하니吾黨之責任이顧有涯乎아日新又新하야至於莊嚴地獄則是는余之祈冀於吾黨者로라噫噫噫噫라腥風血雨가亂作洗禮하고劍樹刀山이大行懺悔하니人間이何世오醉生夢死로다空耶아色耶아外斷常其無聞이오夢耶아覺耶아幷蝶周而不見이라方夜永

ᄒ니吾無寐로다思正長ᄒ니飜成愁로다愁不可極ᄒ어歡歌相雜이로다弟分兄ᄒ어

能無聞乎아非蠅之聲이라是鷄之鳴이로다

朝鮮佛教維新論
終

正誤表

頁數	行數		誤	正	脫	衍
序	四		夬	夫		
七	八		汧	洴		
八	一		然儼	儼然		
々	四	由觀聞			是	
々	六		如眞	眞如		
一〇	一三		辦	辨		
一一	一〇		裨	禪		
一二	七		龍	能		
一八	一二		어든	라도		
二一	二		園	圓		
二一	九		帥	師		
々	一二		辦	辨		
二三	三		梢	稍		
二六	一二		棹	掉		
二七	一二		紫	柴		
二九	一四		恩	因		
三〇	一		挑	桃		
三五	一三		關	闕		
四一	三		厭	壓		
四二	八		라	리		
四四	一		决	抉		
四五	一三		取	所		
四八	一四		象	衆		
四九	二		疫	疲		
五一	九		太ㄴ	ㄴ太		
五八	四		嫌	嫁		
六二	四	若其間			是	
七四	四		藤	滕		
七五	三	이라下				論

大正二年五月十五日　印刷
大正二年五月廿五日　發行

定價金三十五錢

不許複製

慶尚南道梁山郡通度寺内
著作者　韓龍雲

京城北部大安洞十七統加二戸
發行者　李挺鎔

京城北部孝子洞五十統九戸
印刷者　趙炳文

京城北部校洞二十三統五戸
印刷所　東文館

京城北部大安洞十七統加二戸
發行所　佛教書館

十玄談註解

序

乙丑余過夏于五歲。偶閱十玄談。十玄談者。同安常察禪師所著禪話也。

文雖平易。意有深奧。初學者卒難窺其幽旨耳。有原註。而未詳其人。并有

悅卿註。悅卿者。梅月金時習之字也。梅月之避世入山。衣緇而住于五歲

時。所述也。兩註各有其妙。足以解原文之意。至若言外之旨。往々與愚

見。有所同異者存焉。夫以梅月之有所守。而世不相容。落拓雲林。爲猿爲

鶴。終不屈於當世。自潔於天下萬世。其志苦。其情悲矣。且梅月註十玄

談于五歲。而余之讀悅卿註者。又五歲也。接人於數百年之後。而所感尙

新。乃註十玄談。

乙丑六月 日 於五歲庵

韓龍雲 識

十玄談註解目次

十玄談註解

同安禪師　述

龍雲沙彌　批註

心印。

【批】靈蛇已失。添足何爲？

【註】心本無體。離相絕跡。心是假名。更用印爲。然萬法以是爲導。諸佛以是爲證。故名之曰心印。本體假名。兩不相病。心印之旨明矣。

問君心印作何顏，

【批】脂粉滿地。世無傾城。

【註】三十二相。八十種好。在心印。盡屬空華。果何顏之有。五彩不足以染。規矩不足以形。且道果作何顏。云良久花月早已謝。美人全如玉。

心印何人敢授傳。

【批】　衣鉢早非心印。

【註】　心印無體。眾生不能受。諸佛不能傳。三世佛祖之傳法。仍是謾語。世法以傳爲傳。心印以不傳爲傳。

歷刼坦然無異色。

【批】　千眼失明。

【註】　超古越今。萬色俱泯。不異不立。異者何物。云　良久滿地芦花。一天明月。

呼爲心印早虛言。

【批】　呼心非印亦虛言。

【註】　無相無色。何有言說。千呼萬名。元不相稱。此讚尊嚴。千佛莫能

犯。名之則錯。不名亦錯。天下廣長舌。一時俱斷。

須知體自虛空性。

【註】離相而存。超色而明。拔乎性命。曾不生滅。不與有爲之有形有畢爲伍。虛空性故。有若此者。

【批】天下之不具。莫此甚也。

將喻紅爐火裡蓮。

【註】性若虛空。無以爲名。喻之火中蓮。取其名有實無也。道之無名。喻之無物。火中蓮。亦何足以喻哉。

【批】百花元從火裡生。

勿謂無心云是道。

【批】網盡桃花武陵春。漁郎依舊到仙源。

【註】非徒有心為病。無心均是病也。何也。有心者滯於有心。無心者碍於無心。有無雙忘。近於道矣。

●無心猶隔一重關。

【批】初擬萬事到夜定。其奈閒愁入夢多。

【註】初學者。妄念紛起。常以無心為期。及到無心。往往落空。絕慮為宗。墮於小乘。至是而無心之病。更甚於有心也。此法不可以有心得。亦不可以無心求。如何始得。放下挂秋云　山雨未晴。春事在邇。

二、祖意。

【批】博地凡夫。本自具足。一切賢聖。道破不得。

【註】祖師之意。何嘗有意。眾生有意。祖亦有意。祖意者。眾生之意也

●祖意如空不是空。

【批】一葉天下秋。

【註】祖意者。祖師之意旨也。若空而妙有。若有而真空。有時天上天下。尋之無跡。有時百草頭上。歷歷可見。破有云空。破空云有。空有俱倒。祖意始彰。

靈機爭墮有無功。

【批】無報無應。

【註】有功者。功有所不成。無功者。未始有淨業。故有功者。其功不大。無功者。其業不進。此兩者。共不足以為大量漢。夫盬機者。無所不成。而實無一得。何功之有。畢竟如何。○良久云。野舡渡盡無數人。滿江風雨自縱橫。

三賢尚未明斯旨。

【批】孟水之覆。茅為之舟。

【註】　十住十行十迴向。舉位之初。豈能承當大旨。未明此旨。無足惟也。

十聖那能達此宗。

【批】　百尺竿頭。

【註】　位至十地。所證非淺。然至於妙覺。瞳乎後矣。安能達此祖意。如何到得。良久回首停步處。已出第三關。

透網金鱗猶滯水。

【批】　天下之金鱗。不死於網。而死於水者多矣。

【註】　金鱗之魚。脫於漁網。可謂出死入生。猶未免滯水之憂。至於非水。則其危立至。水與非水。縱橫自在。是謂神龍。三賢十聖。能脫世間煩惱網。猶未忘法見之浸水。如何不滯水。憨山云　自從泥牛入海後。木魚靈在白雲中。

迴頭石馬出紗籠。

【批】須彌納芥。恢有餘地。

【註】天下之駿馬。何足以出網入微。石馬乃能出紗籠。三賢十聖。不能透關。靜思回頭。頓忘功用。無關不透，無地不入。

、殷勤爲說西來意。

【批】口業未淨。

【註】達磨西來。本無一意可說。饒舌何爲。然婆心未巳。橫說竪說。

莫問西來及與求。

【批】篲苯莫須向東去。西園寒梅巳破蕾。

【註】無邊剎境。不隔於毫端。入此門來。何有方所。既無方所。云東云西。仍是妄緣。畢竟如何。云良久未離兜率。巳降王宮。

三　玄機。

【批】　不是秋花不是紺。

【註】　超乎方圓。亦非長短。無處不轉。無法不生。故曰玄機。玄機者。妙之至也。

趙々空刧勿能收。

【批】　春風桃李。秋水芙蓉。

【註】　十世古今。不離於當念。一念不生。萬刧自消。白髮青春。妄想故有。刧外更有何世。良久云。新絲未上。古桐有聲。

豈與塵機作繫留。

【批】　倚天長劍。

【註】　玄機之在日用中。何嘗與世塵爲侶。如蓮生水中。曾不著水。在色

非有。在空非無。收之不得。却之不退。用在其中。妙而不染。果作何狀。

云。兩岸細過芳艸雨。江上未沾釣魚人。

良久

妙體本來無處所。

【批】君臣同座。始得太平。

【註】妙體不在內。不在外。亦不在中。內外中間。歷歷現露。無處不在。所在無處。

道芽何更有蹤由。

【批】春雨未能潤。秋霜何曾枯、

【註】道無色相。千眼不能視。道無形狀。五體不能觸。

纖然一句超譬像。

【批】一句不在一句中

【註】　向上一句。不在文字。既離文字。有何像形。超乎群像。靈而不眛

過出三乘不假修。

【批】　夜光之璧。不因彫琢而得。

【註】　地位漸次。假小乘而權有。至於玄機。劫前圓成。末後不盡。何假修得。三阿僧祇。五十五位。一時俱斷。

撒手那邊千聖外。

【批】　佛也打。祖也打。滿地無一物。

【註】　萬魔不足以為碍。千聖何足以為侶。超然獨立。所依無物。此大丈夫之事也。

迴程堪作火中牛。

【批】　去平安。來平安。

【註】過程。言了事以後也。火中牛。坐斷性命。不滯生死也。撒手千崕
外。始作火中牛。如何是火中牛。卓拄杖云。不吃芳艸不在屋。始得耕盡天
下田。

塵異
【批】一室千灯。
【註】離塵而不隔。魔塵而不混。故曰塵異。

濁者自濁清者清。
【批】春光妙在各自得。堪笑種蘭剪荊棘。
【註】濁者清者。各有妙理。在濁不爲劣。在清不爲高。奚取奚捨。且濁
不離清。清不離濁。萬水一源。所以異者。波流之境也。

菩提煩惱等空平。

【批】春州王孫今何在。黃沙白骨共無邊。

【註】菩提性空。煩惱本寂。一切平等。無有高下。妄分別。故有悟有迷

誰賞卞璧無人鑑。

【批】卞璧千古不爲卞石。

【註】楚人卞和。獻荊山之玉於楚厲王。王怒刖一足。至於文王。和抱其璞。哭於荊山之下。王召問曰刖足者何怨乎。和曰不怨刖足。而怨眞玉以爲凡石。忠事以爲詐事。是以哭之。王使玉工剖之。乃眞玉也。是謂卞璧。卞和之足。再刖不三刖。則武王。王怒又刖一足。至於文王。鑑玉終有人也。本自具足之法寶。受用亦有人也。

我道驪珠到處晶。

【批】空谷之蘭。不以無人不馨。

【註】驪珠驪龍之領珠也。驪龍之名珠。無處不晶。性珠圓明。何處不

顯。何時不照。

萬法泯時全體現。

【批】　酒殘歌罷。清興方妙。

【註】　心生法生。一切萬法。妄想分別。妄念一息。萬法俱泯。妄息法泯
一心之妙體始現。如何是法泯體現。放下拄杖云　落盡紅櫨覓藥後。空山無處
不見秋。

三乘分別强安名。

【批】　一二三。

【註】　妙體無名。大法不二。小乘不知。無名處。强立名字。

丈夫自有衝天志。

【批】　乾坤一我。

【註】　無敵於前。無君於後。出正入奇。無妙不極。進攻退守。算無遺策。是謂將材。丈夫處世。固當若是。學道者。宜乎任運騰騰。不爲物役。

莫向如來行處行。

【批】　芳艸有人跡。更踏落花路。

【註】　如來行處。已是陳跡。更尋別處去。方是妙境。如何是如來不行處。（墜起挂杖云）煙收鷗夢外。月隱雁影初。

演敎。

【批】　無數黃葉々。盡作止啼錢。

【註】　如來爲衆生。故無實說處。更生實說。

三乘次第演金言。

【批】　不辨牛馬秋水至。莫道滄海有幾多。

【註】　如來。為聲聞。說四諦。為緣覺。說十二因緣。為菩薩。說六波羅密。故云次第。隨機說法。從緣度生。老婆心切。

三世如來亦共宣。

【批】　前車覆轍。後車不戒。

【註】　佛無異佛。眾生亦無有異。以無異之佛。教不異之眾生。所說法。不得不同。

初說有空人盡執。

【批】　種瓜得豆。

【註】　說因果之有法。則執為實有。說破相之空法。則更執頑空。隨言生執。不知色即是空。空即是色。

後非空有眾忘捐。

【批】君言亦復佳。

【註】衆生執有執空。故欲破其執。更說非空非有。則皆捨空有之前執

龍宮滿藏醫方義。

【批】病如牛毛。藥似泰山。

【註】龍宮者。華嚴經跋云。文殊與阿難海。結集法藏於鐵圍山間。入于龍宮。佛滅度後六百餘年。龍樹菩薩往龍宮。見華嚴大經。凡有三本。上中二本。文義浩博。非力所持。遂誦出下本。流布云。之度人。如醫藥之療病。故云醫方義。滿藏者。法有多種。故云滿藏。

【批】鶴樹終談理未玄。

【註】鶴樹者。世尊入滅時。詣姿羅雙樹間。樹變白色如鶴。故云鶴樹。

【批】四十九年道不破。萬事於今水東流。

世尊入涅槃。告大衆言。自從鹿野苑。終至跋提河。於是中間。未曾說一

字。故云理未玄。且道如何理玄。打挂杖一下云老胡不解佛法意。漫罵言語非理

玄。

真淨界中繞一念。

【批】繞有一念。原非真淨。

【註】真淨界。天界也。此中時間。與人世不同。

閻浮早已八千年。

【批】一刻抵千金。

【註】閻浮。漢譯勝金。即此世也。天界之一念間。即閻浮之八千年。如何是一念八千年。云良久一翳在眼。空華亂墜。

八　遠本。

【批】踏破雲山無限路。還家依舊離家在。

【批】百千方便。盡是機宜。一念回光。早己達本。

勿於中路事空王。

【註】即佛也。不知法之在己。中途彷徨。漫事空王。則虛費日月。後悔何及。

【批】鄉愁無端惱殺人。說玄談空。己非本意。隨言生解。又是錯了。空王者。解空之王。

策杖還須達本鄉。

【批】方有事干旋踵。

【註】拘於言語。碍於聲色。紛紛擾擾。盡是中路彷徨。有何所得。但萬念不動。寂然絕塵。本鄉直在眼前。

雲水隔時君莫住。

【批】雲水仍是天涯。

【註】雲水者。比之方便化城。到此而作奇特想。妄認化城。而爲本鄉。

故住於雲水之方便者多矣。

雪山深處我非忙。

【批】勞而無功。

【註】雪山者。皎皎一色。絕塵無雜之謂也。情除量盡。超乎云謂。拔於
青黃。到此有何色相之可比。萬事已了。無一粉忙。

堪嗟去日顏如玉。

【批】回憶自生憐。

【註】不知萬法生於自心。妄隨情量。空費許多歲月。紅顏已失。能無
慨乎。

却嘆過時鬢似霜。

【批】佛法惟有白髮在。

【註】可憐青春。失於情塵之中途。還本之時。已是白髮如霜。如何免得白髮。打拄杖三下云滇知春消息。方到落花妙。

撒手到家人不識。

【批】識則非妙。

【註】情謂萬法。一切放下。無拘無礙。嵬然獨存。眉毛已非前日之陳跡。何人敢識得。

更無一物獻尊堂。

【批】猶有尊堂在。

【註】佛法以無得爲得。既無所得。無物能成孝養宵矣。如何能成孝養。良久撒之無手還無家。白骨滿地草青青。云

【批】　何地非故鄉。

【註】　未云既空。本亦非有。達本還鄉。更如昨夢。

返本還源事已差。

【批】　金屑雖貴。著眼則病。

【註】　棄末而返本。捨流而還源。是有取捨進退也。縱有取捨。便成邪遒。豈不差哉。

本來無住不名家。

【批】　滿身清風明月。

【註】　佛法不在內外中間。無有定所。既無定所。何名爲家。無處無家。則還鄉之事錯矣。

萬年松逕雪深覆。

【批】　何日松有逕。雪覆又幾年。

【註】　思量未及。情塵不到。一切蹤跡斷絕。故如松逕雪覆。至於萬年之久。而不通塵跡。

一帶峰巒雲更遮。

【批】　一步更奇於一步。

【註】　非徒松逕不通。全山莫開。進之無路。退亦無門。勢至於百尺竿頭。更尋活路於萬法之中。而觸處便塞。至是而可謂勝地絕景。當恁麼時如何。打挂秋。一下云雲中峰巒。

賓主穩時全是妄。

【批】　禮有揖讓。

【註】．賓主和陸。雖云盛事。依然有賓有主。歷然分居。更事和睦。此非小故。非了事漢之所可肯定也。

君臣合處正中邪。

【註】 君臣合處。無高無下。一味平等。在法非不云正。自向上一句看之。則猶是邪道。

【批】 宮中紊亂。

還鄉曲調如何唱。

【註】 以還鄉爲不可。而至於破還鄉。則還鄉曲調。如何唱道。方免得破。五晉實難妙唱。

【批】 漁歌樵笛。

明月堂前枯樹花。

【批】　聲前非寂。聲後無聞。

【註】　明月堂前。枯樹有花。此非聲色之所到。還鄉曲調。至是而諧音。如何利得此曲。云。良久坐斷生死路。猶是夢裡人。

。轉位。

【批】　步步白水青山

【註】　取之非佳。捨之更非妙境。故更轉一位。轉之又轉。應接不暇。

涅槃城裡尚猶危。

【批】　佛祖位中多危懼。夜來依舊宿蘆花。

【註】　執着生死。已是凡夫。礙於涅槃。亦非翠人。莫道生死可怖。涅槃愈危。

陌路相逢沒定期。

【批】　磊落不羈漢。可逢亦可離。

【註】　阿耨菩提。無有定法。生死涅槃。有何選擇。南陌北路。隨時逢著。任意逍遙。豈有定期。以束任運哉。

攤掛垢衣云是佛。

【批】　陽燄元非水。渴鹿豈可飲。

【註】　權設化城。實非淨土。三十二相。亦非佛身。況垢衣乎。

卻裝珍御復名誰。

【批】　一醜甚於一醜。

【註】　若以垢衣爲佛。華鬘瓔珞珍御之服。更名爲誰。欲以名相求佛。求得者終非佛也。

木人夜半穿靴去。

【批】　賜。

【註】　木人未得神足。猶有穿靴之勞。

石女天明戴帽歸。

【批】　百鬼遯跡。

【註】　木人石女。均是本來面目。偏正兩得。體用全彰。

萬古碧潭空界月。

【批】　雲泥有差。

【註】　碧潭有水。空界有月。不同上下。各盡其妙。佛法門中。奚取奚捨

萬法一如。相即相離。

【批】　無微不入。

再三撈摝始應知。

【註】佛法廣大。無法非法。潭水空月。不離機用。雖然如是。學者不可造次。委曲玩味。方始有得。凡道如何應知云 良久 烟沈楊柳綠。回頭風更高。

○廻機○

【批】風起花香動。雲收月影移。

【註】轉位。則廻機隨之。一廻二廻。不存軌則。

被毛戴角入鄽來。

【註】被毛戴角牛也。鄽市井也。此言不居正位。從異類中行。隨機接物。應用無方。

【批】三世諸佛。爲牛爲馬。

優鉢羅花火裡開。

【批】所懷伊人。

【註】優鉢羅花。靈瑞也。花從火裡開。寶是寄遇。佛祖之出世。有若此

者。

煩惱海中爲雨露。

【批】無多春宵一滴露。終朝付與百花頭。

【註】眾生之煩悶熱惱。猶如大海。佛祖出世。以涅槃妙法。爲雨爲露。

以潤火宅。乃令眾生。咸得清涼。

無明山上作雲雷。

【批】慶決平生。

【註】迷者碍於三毒無明。不得開發妙智。沈淪長夜。以大法之雲雷。

破無明之迷山。爲功大矣。

雖湯爐炭吹教滅。

【批】割鷄牛刀。

【註】鑊湯爐炭。地獄名也。佛法淸涼。能破熱獄。

釖樹刀山賜使攃。

【批】微勞何足謝。

【註】佛祖一喝。能攃釖樹刀山之地獄。

金鑷玄關留不住。

【批】神龍元非池中物。肯同魚鱉接香餌。

【註】金鑷玄關。佛祖之關門。怜悧漢。不著佛求。不著法求。不著僧求。留於玄關。亦非妙境。故不住耳。

行於岐路長輪迴。

【批】一竿風月。滿地江湖。

【註】　正位不離異路。涅槃即在輪迴。男兒到處。本地風光。長在輪迴。不生不滅。為牛為馬。不居玄關。出世大丈夫。當若此也。如何是行於眾路。良久雲林太寂寞。管絃亦淒然。云

十一。一色。

【批】　一色知在一色外。

【註】　萬轉千回。徒增其勞。入之一色。是為大同。

枯木若前差路多。

【批】　愈岐愈失。

【註】　學者惟以息緣絕慮為宗。如枯木死灰。則與道遠矣。至是而如岩前岐路。不得其正而入。反為所惑。

行人到此盡蹉跎。

【批】歲不我與。

【註】行道之人。至於歧路而蹉跎。莫知所從。學法者。入於邪逕。終不得正道矣。初學者。當謹慎於始。未有悔於其終可也。

鷺鷥立雪非同色。

【註】白鷺之立雪。白則同色。白鷺之白。與白雪之白同。鷺與雪。元非一色。故云非同也。

【批】同則非同。

明月芦花不似他。

【批】有類即非高。

【註】明月芦花。其色大同。猶不可比方於一色。如何是一色。云良久五色玲瓏處。明暗未分前。

了了時無可了。

【批】可愧傍人。

【註】佛法本無可了之事。了知佛法。則實無可了。有可了。則非了也。學者以無得爲得。始得。

玄玄處亦須呵。

【批】無處不玄。

【註】不到玄處。望之若天涯。及到玄處。仍非妙境。萬境一如。諸法皆空。能所雙忘。根塵無碍。回頭一望。可笑前功。

懃懃爲唱玄中曲。

【批】三世佛祖。一時耳聾。

【註】無玄玄處。有何玄曲。唱之非易。聽之亦難。

參前蟾光撮得麼。

【批】千手不到。萬古明月。

【註】蟾光者。月光也。空裡月光。無人撮得。有人撮蟾光可得。則解玄中曲矣。如何撮得蟾光。拄杖三下云月光不能照人明。閒得呼兒拾螢來。

【乙丑六月七日畢】

十玄談註解終

大正十五年五月十日　印刷
大正十五年五月十五日　發行

非賣品

著作兼發行者　京城府安國洞四十番地　韓龍雲

印刷者　京城府公平洞五五番地　權泰均

印刷所　京城府公平洞五五番地　大東印刷株式會社

發行所　京城府安國洞四十番地　法寶會

朝鮮佛教革新論

朝鮮佛教革新論

目次

佛教로말하면 老大宗敎로서 世界的宗敎가되엿는지라 어리
석은생각으로는 넓은世上에잇는佛教를 다말할것은없으나
朝鮮佛教에잇서서는 弊端을大綱알고
猥濫히일로써 革新의內譯을말하자면 外邦의佛教를 朝鮮의
佛教로 過去의佛教를 現在와未來의佛教로 山中僧侶몇사람
의佛教를 一般大衆의佛教로革新하되 부처님의說하신無上大
道는 變치않이할것이나 世間出世間을따라서 世間生活에必
要한人生의要道를 더밝혀야할것이며 몯은教理를 運轉하는

一

制度와 方便도 時代와 人心을 따라서 刷新하야할것이다

이佛敎가 우리 朝鮮에서생겨낫다할지라도 敎理를 運轉할만한

人物이나고보면 發展을 爲하야 補充할것은 補充할수가잇고

障害될일은 刷新할수가잇는대 兼하야 이佛敎로말하면 人

心風土가달은 外邦의宗敎로서 中國을 經由하야 朝鮮에온後

近二千年歷史를갖엇으니 其間政治變動과 人心變遷을따라서

或排斥도받앗을것이며 或歡迎도받앗을것이며 或弊端도주엇

을것이며 或도음도주엇을것이니 그많은波瀾을 지내날때에

佛敎라는일음과 主體되는敎理는 옛날부처님의說하신그대로

남어잇슬지라도 小々한敎理와 制度만큼은 變動이잇슬것은

누구나 勿論하고 잘알줄로 믿는바이다

一、過去朝鮮社會의佛法에對한見解

佛敎는 朝鮮에因緣이깊은敎로써 歡迎도많이받엇을것이며 排斥도많이받엇을것이나 歡迎은 여러百年前에받엇을것이고 排斥받은지는 오래지아니하야 儒敎의勢力에밀려서 世上을등지고 山中에들어가 有耶無耶中에 超人間的生活을하고잇섯음으로 朝鮮社會에서는 그法을아는사람이 적은지라이에따라 或안다는사람은말하되 山水와 景致가 좋은곳에는 寺院이잇다고하며 그寺院에는 僧侶와佛像이 잇다고하며 僧侶와 佛像이 잇고보면 世上에사는사람은 福을빌고 罪를

敎(교)하기 爲(위)하야 佛供(불공)을 단인다 하며 그 僧侶(승려)는 佛像(불상)의 弟子(제자)가 되여가지고 妻子(처자)없이 獨身生活(독신생활)을 한다 하며 削髮(삭발)을 하고 머리에는 굴갓을 쓰고 몸에는 검박한옷을 입고 목에다는 念珠(념주)를 걸고 손에다는 短珠(단주)를들고 입으로는 念佛(념불)이나 誦經(송경)을하며 등에다는 바랑을지고 밥을빌며 動鈴(동령)을하며 或(혹)世俗(세속)사람을 對(대)하면 아모리 賤(천)한사람일지라도 間安(문안)을올린다 하며 魚肉酒草(어육주초)를먹지아니한다하며 몸은 生命(생명)을죽이지아니한다하나 우리世(세)上사람은 兩班(양반)이라든지? 富貴(부귀)를 한다든지 八字(팔자)가좋은사람이든지하면 僧侶(승려)가아니되난것이요 或(혹)父母(부모)없는불상한 兒孩(아해)나 四柱(사주)를보와서 短命(단명)하다는 兒孩(아해)나 罪(죄)를짓고 亡命(망명)하는사람이나 或八字가사나운사람이나 衣食없이乞食하는사람이나 이러한類가 다僧侶가되는것이라하며 或僧侶中에도 工夫를잘하야道僧이되고보면 사람사는집터나 白骨을장사하는墓地나 呼風喚雨와 移山渡水하는것을 마음대로한다고도하지마는 그런사람은 千에一人이요 萬에一人이되난것이니 佛法이라하는것은 虛無한道요 世上사람은 못하는것이라하며 우리는 돈이잇다면 酒肉과音樂器具를 준비하여야가지고 景致찾어서 한번씩놀다오난것은 좋다고하며 누가절에를단인다든지하면 그집은亡할것이라하며 尸體를火葬하니 子孫이도음을얻지못할것이라하며 佛法을민난僧侶리면

五

人種은 別動物과같이아난것이 朝鮮社會의 習慣이

되엿나니 이와같은 朝鮮에 어떠한 能力으로써 佛敎를 發展식

히며 佛法에 對한 好感을 갓게하리요

二, 朝鮮僧侶의 實生活

이말을 하고저하는이사람도 過去朝鮮社會의 한사람으로 佛

敎에 對한 常識이 없다가 어떠한 因緣으로 佛敎를

信仰하는 同時에 佛敎에 對한 若干의 常識이 잇게됨으로써 朝

鮮僧侶의 實生活을 말하게되엿다 그 生活을 들어말하자면

風塵世上을벗어나서 山水좋고 景致좋은곧에 淨潔한寺院을

建築하고

尊嚴하신佛像을되시고 四方에因緣없는 單純한몸

으로몃사람의同志와 松風蘿月에 마음을依支하야 새소래

물소래 自然의風樂을 四面으로둘러놓고 世俗사람이 갓어

다주는衣食으로 근심걱정하나 도없이 숨게옷입고 억개에 배불

게밥먹고 몸에는 수수한修道服黑色長衫을 입고

는 비단紅袈裟에 日月光을胸背로노와둘너메고 한손에는芭

蕉扇 또한손에는短珠이와같은威儀로 木鐸을울리난가온대 樹木사이로

念佛이나 或은誦經이나 或은坐禪이나 하다가 몸을내여놓고

잇는華麗하고 雄壯한 大建物中에서 散步하

는것을보면 朝鮮사람의生活로서는 그우에더좋은生活은 없

을줄로알엇다 그러면 僧侶가 되여서는 다 이와같이 生活을 하엿는가? 朝鮮一般僧侶가 다그러한것은 아니나 一般的으로본다하드래도 半數以上은 이와같은 生活을 하는줄로안다 그러나 佛教內面으로들어가서 心理生活하는것은 잘알수없지마는 大概는 의教理와 制度된것이 世間生活을 本位로한것이아니라 出世間生活을 本位로하엿나니 出世間生活이라하는것은 心理生活도 또 世間生活과같이 번거한것이 없는것임으로 世俗風塵中에사는사람 한世俗사람과는 差異가잇슬줄로안다 或宰相이나 은 或萬石을받는사람이나 이러한富貴를 하는사람이라도 그와같이한가한生活(생활) 淨潔(청결)한生活(생활) 趣味(취미)잇는生活(생활)은 하지못할것이요 아모리못난僧侶(승려) 貧賤(빈천)한사람이라도 俗家(속가)에 一二百石(일이백석)밧는사람보다는 趣味(취미)잇는生活(생활) 한가한生活(생활)을 한다 할것이다 우리世間農村窮民(세간농촌궁민)의生活(생활)하는것을보면 두줄새에 목을넣고 팟죽같은땀을흘려가며 여름이되고보면 보리밥삶 純麥食(순맥식)에 된장간장이 반찬이요 그도못먹으면 或(혹)은보리죽 아먹은더운방에서 모구(蚊)빈대 뜻겨가며 잠을자고 밥은 을먹으며 자리는 갈자리나 밀대방석을 사용하며 몸에 는 흉악한무명베로 儉朴(검박)한옷을해입고 三伏時節(삼복시절)더운날에 쉴 름없이 勞力(뇌력)하야 겨우겨우農事(농사)라고지여놓으면 빗밭을사람은

성화같이달려와서 다가저가고보면 먹을것이없게되야 畢竟(필경)

에는 父母妻子(부모처자) 食口(식구)들까지라도 서로싸우고 원망하며 이

러한世上(세상) 어서죽엇으면 좋겟다고 한숨으로歲月(세월)을보내나니

이에比(비)하면 山中僧侶修道生活(산중승려수도생활)은 天上仙官(천상선관)의生活(생활)이라아니할

수없다 世俗(세속)사람으로 이만한生活(생활)을 알고보면 그어찌僧侶(승려)

되기를 願치(원치)아니하리요

三、世尊(세존)의 智慧(지혜)와 能力(능력)

우리는 모든 衆生(중생)이 生死(생사)잇는줄만알고 多生(다생)이없는줄도아는

대 부쳐님께서는 生死없는(생사없는)理致(이치)와 多生劫來(다생겁래)에 限(한)없는生(생)이

잇는줄을 더알으섯으며 우리는 우리一身(일신)의本來理致(본래이치)도 몰

으는대 부쳐님께서는 天地萬物의 本來理致까지 더 알으섯으
며 우리는 善道가 무엇인지 惡道가 무엇인지 區別이 分明치
못하야 우리가 一身을 惡塗에 떠러지게 하는대 부쳐
님께서는 自身을 濟度하신 後에 十方世界一切衆生을 惡塗에
서 善道로 濟度하는 能力이게시며 우리는 우리가 지여서 받
는 苦樂도 몰으난대 부쳐님께서는 衆生이지여서 받는 苦樂과
偶然히 받는 苦樂까지 알으섯으며 우리는 福樂을 需用하다가도
못하게 되면 할수없는대 부쳐님께서는 못하게 되난 境遇에 난
福樂을 또 오게하난 能力이 게시며 우리는 智慧가 어두웠든지
밝엇든지 되난대로 사난대 부쳐님께서는 智慧가 어두워지

면 밝게하는 能力이게시고 밝으시면 繼續하야두워지지않

게하는 能力이 게시며 우리는 貪心이나 嗔心이나 痴心

끌려서 잘못하는일이 많이잇는대 부쳐님께서는 貪心嗔心

心痴心에끌리는바가 없으시며 우리는 天地萬物虛空法界

잇는놈에 끌려서 天地萬物虛空法界없는놈을 몰으난대 부

처님께서는 잇는놈을當할때에 없는놈까지알으시고 없는놈

을 當할때에 잇는놈까지알으시며 우리는 天道, 人道, 地

獄, 餓鬼, 畜生, 修羅, 이六途와 胎卵濕化四生을 알지도못

하는대 부처님께서는 이六途四生의 變化하는 理致까지알으

시며 우리는 달은物件을 害하여다가 우리를좋게하려고하

는대 부처님께서는 事物을當할때에 自利利他로하시다가 못하시게되면 利害와 生死를 不顧하시고 他物을利롭게하는것으로써 當身의福樂을삼으시며 우리는 몇十萬石을받는다하드래도 四方周圍몇千里안이 自己의所有가될것이요 접으로말하드래도 몇百間몇千間밖에 自己의所有가않일것이며 眷屬으로만말하드래도 몇十名몇百名밖에는 自己의眷屬이않일것인대 부처님께서는 十方世界가 다부처님의所有요 十方世界의몸은建物이요 다부처님의建物이요 十方世界의一切衆生이 다부처님의眷屬이라하섯으니 이런말을보고들을때에는 理解없는사람은 浮荒한말이라할것이나 아는사람에잇서서는

字字글ㅅ귀가 다ㅡ金言玉說로알을거이다 이부처님의智慧와

能力을 어리석은衆生의입으로나 붓으로 어찌다ㅡ成言하며

記錄하리요마는 大畧을들어 衆生濟度하는그敎理를 말하자

면 높기로는須彌山같고 꾀기로는恒河水같고 敎理數爻로는恒

河沙모래수와같고 넓읍고 크기로말하면 天地萬物虛空法界

를 다包含하엿나니 우리佛法信者는 이와같우부처님의智慧

와 能力을얻어가지고 濟度衆生하는대에 勞力하기바라는바

이다

四、外邦의佛敎를朝鮮의佛敎로

印度의佛敎가 中國을經由하야 朝鮮에왓는지라 朝鮮사탐으

로는 그 經傳을볼때에 사람일홈이나 땅일홈이나 物件일홈

이나 일에 對한말이나 理致에 對한말이나 印度熟語와 名詞

가 많아며 或은 中國熟語와 名詞도잇스며 또는 朝鮮사람이

一般的으로배우기도 어렵고 알기도 어려운 漢文으로써 有

經傳이 大槪되야잇는고로 그 經傳을 朝鮮社會에내여놓고

無識男女老少를綱羅하야 가르처주기가 어려울것이니 우리

는 印度佛敎에도 끌리지말고 中國佛敎에도 끌리지말고

朝鮮在來佛敎에도 끌리지말고 오즉 부처님의 無上大道의 要

旨와 十方世界一切衆生을 慈悲로濟度하시든 綱領을들어

朝鮮名詞와 熟語와 朝鮮文字에 或漢文을加하야 敎理와

一五

制度를 精選하여 일로써 初等敎科書를 定하고 부처님의 無
上大道의 理致와 慈悲事業의 大義를 깨치게 한後에 過去經傳은
參考的으로 가르치난것이 좋을것이니 佛法의 大義를 쉽게 알고
저하는사람은 이佛法의 革新內容을 잘알아갓이고 부처님의
智慧와 能力을 速度로얻어야할것이며 以上에말한過去經傳
을 自己가 任意로부처보드락까지 배우기로하면 時日이近十
年이 걸릴것이며 또부처님의 眞理를 배와알기로하면 時日이限없
이時日을 걸릴것이니 우리朝鮮貧寒한社會에서 奔忙한生活을
하는사람은 餘暇를따라서 速度로하는 方法을 取하여야할것
이니 이에 歡喜心을 發하야 以上에말한 敎科書로써 世間出

五、小數人의佛敎를大衆의佛敎로

在來朝鮮佛敎는 排斥을받을때에 小數人의宗敎로서 世間을 버리고 出世間生活하는僧侶를 本位하야 敎理와制度가組織되얏음으로 世間生活하는 俗人에게잇서서는 몯은것이 서로맞지아니하고 反對같이되얏으며 또는 世間生活하는俗人의信者가 잇다할지라도 主體가되지못하고 客觀的임으로 그中에서特殊한事業과 特別한工夫를 한사람이잇다면 근어너와 그렇지아니하고 普通信者에잇서서는 出世間生活하는

僧侶와같이 부쳐님의 直統弟子로나 佛家의 祖上으로들어가기

가 어려웁게되엿으니 어찌그 敎理 그 制度로써 大衆化가되

리요 또는 以上에말한出世間을 本位한敎理와 制度가 世

間生活에맛지않는 內譯을 大綱들어말하자면 敎라하난것은

사람을가르치난것인대 人間이없는곳에다 敎堂을두웟으니

世間生活에奔忙한그사람들로 어느餘暇에 人間을벗어나서

그敎를받을것이며 衣食生活에엿서서도 士農工商의原職業을

놓와버리고 佛供이나 施主나 動鈴으로써 生活을하엿으니 어

찌大衆이다ー할生活이며 또는 結婚生活에 들어가서도 出世

間工夫하는사람에게 잇서서는 絕對로하지못하게되엿으니

그 生活이 또한넓읍지못하다 할것이며 敎理로말하여도 世間

生活하는 敎理가 具體的으로되들못하엿으니 어찌그法이넓읍

다할것인가? 그러면 어찌하여야할것이냐? 하면 世間工夫하

는사람이나 出世間工夫하는사람에對하야 主客의差別이없이

工夫와事業의等級만 딸을것이며 繼統하는대에도 差別이없

이 直統으로할것이며 修道하는處所도 信者를따라서어느

곧이든지建設하여야할것이며 衣食生活에들어가서도各自의處

地를따라서 하게할것이며 結婚生活에들어가서도 自意에맷

길것이며 在家出家를하는것도 特殊한誓願은말할것이없으나

正式에들어가서 幼年期에는 文學을배우게하고 壯年期에잇

서서는 道學을배우며 濟度事業에 勞力케하고 六十이넘어

서는 景致좋은 山中寺院에들어가서 世間의愛着貪着을다

여이고 生死大事를 練磨하며 不寒不熱한 春秋六個月이되고

보면 世間敎堂을 巡廻하야 몬은信者로하야금 善道에나어

가도록하며 冬夏六個月이되고보면 出入을中止하고 山中生

活에들어가서 물소래 새소래 自然의風樂을둘너놓고 이무삼

道理와 南無阿彌陀佛로 벗을삼아 餘年을맛치고보면 一生

生活에缺陷된點이 없을거이며 또는 世間出世間을 勿論하고

大衆化하기로하니 敎理에들어가서도 見性養性만 主體로할

것이아니라 率性을加하야 三大綱領을 主體로하여야할것임

으로 出世間 工夫하는 工夫의 要道도 世間

生活하는 人生의 要道를 만들어야 할것이며 世間出世間을 勿論하

고 工夫에 對한 訓練의 科目을 만드러야 할것이며 機關에 들어

가서도 時代와 人心을 따라서 이 敎理 이 制度를 運轉하는대

缺陷됨이 업도록 組織하여야 할것이니 우리 一般信者는 이에

勞力하기 바라는 바이다

六、 分裂된 敎化科目을 統一하기로

在來佛敎에서 信者의게 가르치는 科目은 或은 經傳을 가르치며

或은 話頭들고 坐禪하는 法을 가르치며 或은 念佛하는 法을 가르

치며 或은 呪文을 가르치며 或은 佛供하는 法을 가르치는대

그 가르치는 本意가 몬은 經傳을 가르처서는 佛敎에 對한 敎理나 制度나 歷史를 알리기 爲함이요 話頭를 들어서 坐禪식히는 것은 經傳으로 가르치기도 어려웁고 말로 가르치기도 어려운 玄妙한 眞理를 깨치게 함이요 念佛과 呪文을 읽게 하는 것은 번거한 世上에 사는 사람이 愛着貪着이 많아야 正道에 들기가 어려운고로 처음 佛門에 오고보면 번거한 精神을 統一식히기 爲하야 가르치는 法이요 佛供法은 僧侶의 生活에 도음을 얻기 爲하야 가르치나니 信者에 잇서서는 이 科目을 한 사람이 다 배워야 할 것인대 佛法에 對한 理解가 적은 사람은 이 科目內에 或은 한

科目이나 或은 두 科目이나 갖이고 主張하며 하난말이 내가 옳네 네가 굶네 是非가 紛々하며 各自가 서로 黨派를 募集하야 初入者의 信誠을 妨害하며 信者의 統一을 妨害하며 一般 佛敎의 威信을 墮落케하야 發展에 對한 障害가 잇게됨으로 이 科目을 統一하여 禪宗의 千萬話頭와 敎宗의 몯은 經傳을 단련하야 번거한 話頭와 번거한 經傳은 다― 놓와버리고 그 中에 第一 綱領과 要旨가많은 話頭와 經傳으로 일과 이치에 硏究力언는 科目을 定하고 念佛坐禪呪文을 단련하야 精神統一하는 修養科目을 定하고 몯은 戒律과 果報받는 內譯과 가지 重大한 恩惠를 단련하야 世間生活에 適切한 作業取捨의

科目을 定하고 몸은 信者로하야금 이三大科目을 並進하게하

되 研究科目을단련하야는 부처님과같이 理無礙事無礙하는 硏

究力을 얻게하며 修養科目을단련하야는 부처님과같이 事

物에끌리지않는 定力을얻게하며 取捨科目을단련하야는 부처

님과같이 不義와正義을分析하여 實行하는대 取捨力을 얻게

하야 이三大力으로써 一生生活에 佛供하는 資料를 삼어몸

은 誓願을 達成하는대 寶鑑을삼게되면 敎理가自然統一할것

이요 信者도또한 統一이될줄로믿는다

七、等像佛崇拜를佛性一圓相으로

等像佛을 崇拜하는것이 敎理發展에 或必要는잇스나 現在

로불어 未來事를생각하면 必要는姑捨하고 發展에障害가잇

슬것이다 그 証據를들어말하자면 農夫가農事를지여놓고 가

을이되고보면 뭇一새를防止하기爲하야 人形허수아비를만드

러 몯은새오는곧에세워둔즉 그새들이 그人形허수아비를보

고 놀내며 몇일동안은 오지않이하다가 저의들도 또한여

러方面으로試驗을보왓는지? 覺醒을얻엇는지? 畢竟에는 달려

들어 農作物을作害하며 주서먹다가 그人形허수아비우에

올녀앉어 쉬기도하고 或은똥도싸며 遊戱場같이使用하니

이것을본다면 그런無識한새(鳥)즘생도 人形허수아비를 알

거든 하물며 最靈한사람으로 저動作이없는 人形等像佛을

二五

近二千年 외서보왔으니 어찌 覺醒이 없으리요 萬一 覺醒이 생겨

난다면 無上大道의 敎理는 알지못하고 다못 그 한 方便만 虛

無하다하야 理解없는여러사람의게 惡宣傳하는사람이 많이

잇게된다면 어찌 發展에 對한 障害가 없을것이며

또는 尊嚴하신佛像을 坊坊谷谷에서 여러사람이 職業者의 看

板같이 使用하야 일로써 各自의 生活을 圖謀하니 修道者의

立場에서 저職業者와같이 佛像을모시고 佛供을받고보면

理解없는傍觀者로서 職業者와같이取扱할것이며 또는

佛供이많이들어올거이니 이리된다면 修道人사는處所에 飮食

信만없어질것이않이리라 修道하는사람까지 오지않이할것이며

이에따라서 佛法에 對한 工夫는 次次없어지고 다못營業집이

되고말지라 現在에도 一般社會가 念佛이나하고 佛供이나

하는 그사람들을 佛敎信者로認証하는대 그사람들에잇서서

는부처님의 正法이 무엇인지? 一切衆生濟度가 무엇인지?

善道惡道가 무엇인지?몰으난그사람들이 佛敎信者로認証을

받을때에는 그敎理와制度를 運轉하는사람까지 同層으로取

扱할는지도 몰을지라 그어찌發展에 障害가없으며

또는 信者가等像佛을 뫼시고 崇拜하기로하면 一般信者가

다―뫼서야할것인대 그等像佛은 造成하기가어려운지라 되

신者에잇서서는 直統弟子와같이 親近한생각이이날것이며 또한

依支와 慰安이 될것이나 묘시지못하게된사람에 限하야는

그와反對로 疏遠한弟子와같이생각이나며 依支와 慰安이

되지못하리니 또한遺憾이될지라 그리함으로써 우리는 佛

性一圓相을뫼시고 崇拜하기로하나니 그佛性一圓相으로말하

면 부처님말삼에 天地萬物虛空法界가 다―부처님의성품이

라하섯으니 곳一言으로써 그名詞를 들어말하자면 佛性이

요 佛性의形像을 그려말하자면 天地萬物虛空法界를 다包含하야

作된內譯을 들어말하자면 곳一圓相이요 그一圓相의製

造成이되엿음으로 우리衆生에게 千萬가지로恩

惠주신다는것을 事實이들어나도록 가르처줄수가잇나니 그

証據를들어말하자면 天地萬物虛空法界가다―부쳐인지라 自己의求하난바와 짓는바를따라서 天地의게當한罪福은天地의게佛供하고 父母의게當한罪福은 父母의게佛供하고 同胞의게當한罪福은 同胞의게佛供하고 法律의게當한罪福은・法律의게佛供하는것이 事實로罪를赦하고 福을받는것이 들날것이니 우리는 다못修道에들어가서 眞理的으로써 佛性一圓相을뫼시고 崇拜하고보면. 理解없는傍觀者에잇서서도 그區別이次々날것이며 또는부쳐님의正法이 무엇인지? 一切衆生濟度가 무엇인지 善道惡道가 무엇인지?돌으고 다못봉사(盲人)를찾어 問

卜(복)이나하고

巫女(무녀)를다려다가 굿이나하는사람에지내지못하

는그사람들을 佛法工夫人(불법공부인)으로取扱(취급)하는習慣(습관)도 次々(차々)없어질것

이며

一般信者(일반신자)가 다ㅡ佛像(불상)을뫼시기로하여도 拘束(구속)이없이

또는

뫼시게될것이며

現時代(현시대)는全世界人類(전세계인류)가 次々(차々)壯年期(장년기)에드는지라 智慧(지혜)가

또는

發達(발달)되는故(고)로 못은사람이 順境逆境(순경역경)을當(당)할때에는 或罪福(혹죄복)에

對한理解(대이해)가 잇슬것이며 罪福(죄복)에對한理解(대이해)가 잇고보면 그罪(죄)

福(복)의 根本處(근본처)를 찾을것이며 찾기로하면 그意旨(의지)가들어날것

이요 그意旨(의지)가들어나고보면 잘민을것이니 事實(사실)로飜譯(번역)하기

좋은 信仰處를 發見하야

命處를 얻을것이며 또는 崇拜하면 智愚를勿論하고 安心立

사람에게 依賴할것이아니라 在來佛敎와같이 自己佛供을 달은

며 그佛供하는方式도 信者에잇서서는 自己佛供은 自己가하여야할것이

그러면그佛供하는方式은 무엇인가?하면 다가르처야할것이다 在來佛敎를革新한

敎理와 制度라할것이며

또는 佛供하는方式을 아는것과 안후에는 佛供을하야 成

功하난것이 限定이잇나니 그限定의例를대강들어말하자면 佛供을하야 成功

數千世上을하여야 成功할일도잇고 몇百世上을하여야 成功

할일도잇고 數十生을하여야 成功할일도잇고 몇生을하여야

成功(성공)할 일도 잇고 몇十年(십년)을 하여야 成功(성공)할 일도 잇고 몇해를 하여야 成功(성공)할 일도 잇고 몇달 몇일을 하여야 成功(성공)할 일도 잇난 것이 그 일의 形勢(형세)를 따라서 長短(장단)이 잇난 것이요. 또는 因緣作福(인연작복)을 잘하고 못하는 것과 富貴貧賤(부귀빈천)되난 것이 다一 多生刦來(다생겁래)를 徃(왕)來하면서 佛供(불공) 잘하고 못하는 대에 잇나니 그럼으로 福(복)이 만하고 智慧(지혜)가 만은 사람은 佛性(불성) 一圓相(일원상)의 理致(이치)를 悟得(오득)하야 天(천)地萬物 虛空法界(허공법게)를 다 부처로 崇拜(숭배)하며 成功(성공)의 期限(기한) 區別(구별)도 分(분)明하야 罪福(죄복)의 本源處(본원처)를 찾어서 佛供(불공)을 하는 고로 무슨 誓願(서원)이든지 百發百中(백발백중)할 것이며 또한 罪福(죄복)의 本源處(본원처)를 알지 못하는 사람은 몬은 誓願(서원)을 等像佛(등상불) 한 분의게만 하며 成功(성공)의 期限(기한)도 區(구)

別없이하난것이 譬하야말하자면 父母의게할佛供을 天地의

게하고 同胞의게할佛供도 天地의게하고 法律의게할佛供도

天地의게하고 一年을하여야 成功할일을 한두달하다가말고

한달이나하여야 成功할일을 하로나잇틀을하다가마난것과같나

니 그런사람에 잇서서는 佛供이虛亡할것이며 成功이없일

것이다 그럼으로 우리는 佛供하분만부처님으로되실것이

아니라 天地萬物虛空法界를 다—부처님으로뫼시기爲하야

佛性一圓相을崇拜하자는것이다

佛性一圓相造成法

佛性의形像을 그려말하자면 곳一圓相이요 一圓相의內譯을

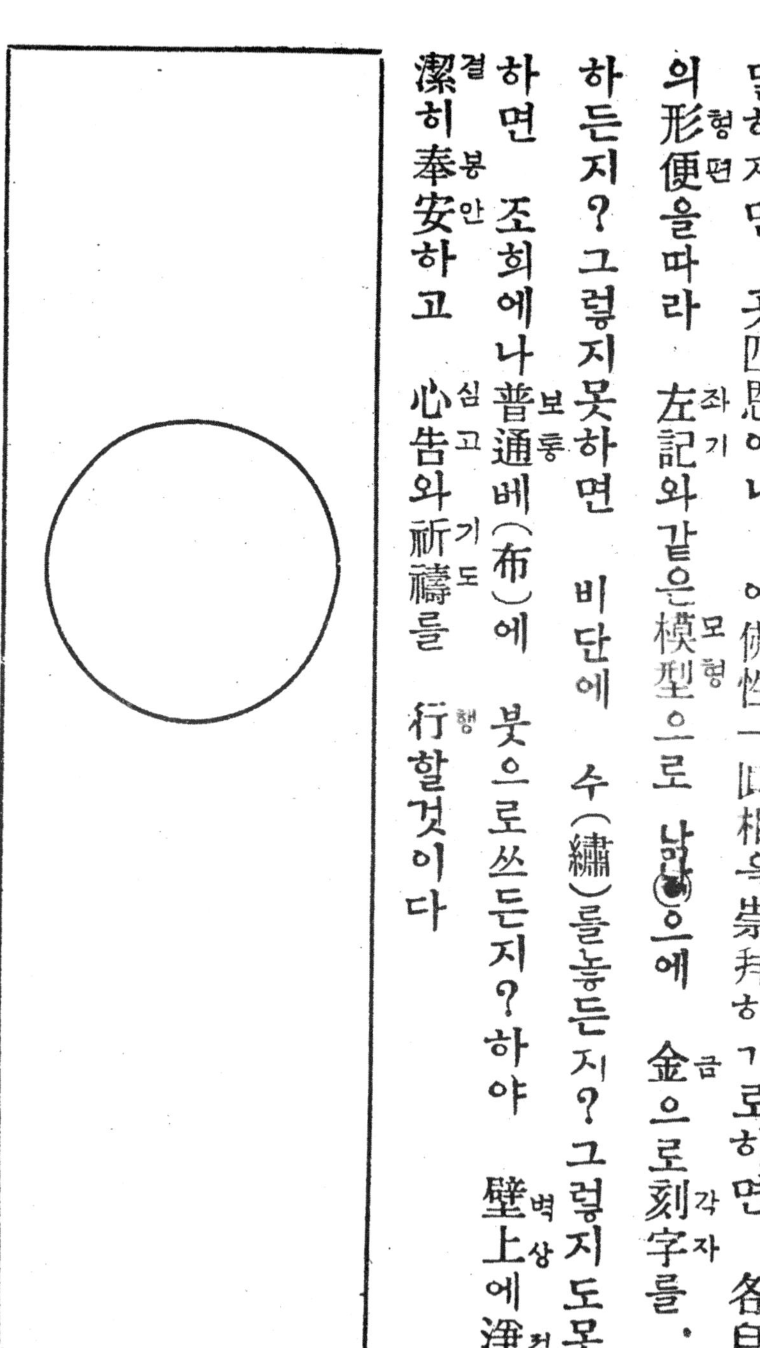

말하자면 곳 四恩이니 이 佛性一圓相을 崇拜하기로하면 各目의 形便을따라, 左記와같은 模型으로 金으로 刻字를 하든지? 그렇지못하면 비단에 수(繡)를놓든지? 그렇지도못 하면 조희에나 普通베(布)에 붓으로쓰든지? 하야 壁上에 淨潔히 奉安하고 心告와 祈禱를 行할것이다

心告와 祈禱에 對한 說明

사람이 出世하야 世上을살어가기로하면 自力과他力으로써 生活해가나니 自力은 他力의根本이되고 他力은自力의根本이됨으로 自信할만한他力을 얻은사람은 남의뿌리가 땅을 맛남과같은지라 그런고로우리는 自信할만한四恩의恩惠와 威力을알엇으니 이圓滿한四恩으로써 信仰의根源을삼시고 길거운일을當할때는 感謝를올리며 괴로운일을當할때는 謝罪를올리고 決定하기어려운일을當할때는 決定될祈禱를올리며 難境을當할때는 順境될祈禱를올리고 順境을當할때는 姦邪하고 妄侫된곳으로가지않도록 祈禱를하자는것이다

이祈禱의趣味를 알어서 정성으로써 繼續하면 至誠이면感

天으로 自然四恩의威力을 얻어 願하난바를일울것이며 樂

잇는生活을 할것이다 그러나 心告하난誓願에 違反이되고

보면 도로혀 四恩의威力으로써 罪罰이잇나니 여긔에銘心

하야 거짓된心告를 않아는것이 心告의內譯을 아는사람이

라고할것이다

心告와 祈禱하는 例

天地下鑑之位

父母下鑑之位

同胞應鑑之位

法律應鑑之位

被恩者某는 四恩前에 告白하옵나이다하고 그다음 右記說
明에 記載한 範圍內에서 各自의 所懷를따라 心告와祈禱를하
되 相對處가잇는 境遇에는 默想心告와 實地祈禱와 說明祈
禱를 다할수도잇고 相對處가없는境遇에는 默想心告와 說
明祈禱만하난것이니 默想心告는 自己心中으로만하는것이요
實地祈禱는 相對處를따라 直接當處에하는것이요 說明祈禱는
여러사람이 잘듯고感動이되며 覺醒이생기도록하난것이니라

昭和十年四月二十四日印刷
昭和十年四月二十九日發行

全北益山郡北一面新龍里三四四ノ二番地

著作兼發行者　全　世　權

全北益山郡裡里邑榮町一丁目二九番地

印刷者　眞　谷　銕　二

全北益山郡裡里邑榮町一丁目二九番地

印刷所　眞　谷　印　刷　所

全北益山郡北一面新龍里三四四ノ二番地

發行所　佛法研究會

朝鮮佛敎維新論

조선불교유신론
님의 침묵 탈고 100주년 기념

2025년 11월 22일 인쇄
2025년 11월 23일 발행

저　자 | 한용운
발행처 | 한국학자료원
발행인 | 윤영수
등　록 | 제12-1999-074호

주　소 | 서울 은평구 연서로 37길 40-1
팩　스 | 02.3159.8051
E-mail | eksung@naver.com

ISBN 979-11-7417-061-3

정가 30,000원